그리스도론

Dietrich Bonhoeffer

Christologie

1940년 9월, 본회퍼의 행동이 국민을 분열시킨다는 이유로 발언 금지 조치를 당하다. 관할 경찰서에 주소지 신고 의무를 부과받다.

1941년 10월, 베를린에서 유대인이 추방당하기 시작하자, 이들을 방첩대 요원으로 위장해 구출하는 "작전7"을 수행하다.

1943년 1월 13일, 37세에 마리아 폰 베데마이어와 약혼하다.
4월 5일, 게슈타포의 가택수색으로 한스 폰 도나니 부부, 요제프 뮐러 부부와 함께 체포되다.

1944년 1월, 수사책임자 뢰더가 교체되어 기소가 무기한 연기되다.
7월 20일, 슈타우펜베르크가 히틀러 암살을 시도하다.
9월 22일, 게슈타포 수사관 존더레거가 초센 방첩대 방공호에서 히틀러의 범죄성을 입증할 증거자료로 보관하던 문서철을 적발하다.
10월, 프린츠-알브레히트-슈트라세 게슈타포 지하 감옥으로 이송되다.

1945년 2월 7일, 부헨발트 강제수용소로 이송되다.
4월 3일, 부헨발트에서 레겐스부르크로 이송되다.
4월 6일, 쇤베르크(바이에른 삼림지대)로 이송되다. 이틀 뒤 플로센뷔르크로 이송되어, 야간에 즉결재판을 받다.
4월 8일, 플로센뷔르크로 이송되어, 야간에 즉결재판을 받다.
4월 9일 새벽, 플로센뷔르크 강제수용소에서 39세의 나이로 교수형에 처해지다. "이로써 끝입니다. 하지만, 나에게는 삶의 시작입니다"라는 마지막 말을 남기고 떠난 그의 묘비에 "디트리히 본회퍼, 그의 형제들 가운데 서 있는 예수 그리스도의 증인"이라는 비문이 새겨지다.

1951년 9월, 뮌헨의 카이저 출판사가 유고 문서집 『옥중서신 — 저항과 복종 Widerstand und Ergebung』을 출간하다.

1996년 8월 1일, 베를린 지방법원이 본회퍼의 복권 탄원건에 대해 "본회퍼의 행동은 결코 국가를 위태롭게 할 의도가 아니었으며, 오히려 나치의 폐해로부터 국가와 국민을 구한 행동이었다"는 취지로 판결하다.

복 있는 사람

오직 여호와의 율법을 즐거워하여 그 율법을 주야로 묵상하는 자로다.
저는 시냇가에 심은 나무가 시절을 좇아 과실을 맺으며 그 잎사귀가 마르지 아니함 같으니
그 행사가 다 형통하리로다. (시편 1:2-3)

본회퍼는 그리스도를 추상적 이론이나 논리로 파악하려 하지 않는다. 그에게 중요한 것은 "지금 이 순간 예수 그리스도는 누구신가?"이다. 세상 한가운데 구체적으로 현존하는 그리스도야말로 살아 계신 존재이다. 그리스도는 존재의 중심이고 역사의 중심이고 자연의 중심이다. 타락한 국가는 메시아의 현현이 아니며 그리스도의 의로운 심판 아래 있을 뿐이다. 본회퍼의 『그리스도론』은 예수를 경배의 대상으로 삼음으로써 오히려 그를 침묵하게 하는 오늘의 한국 교회에 던져진 폭탄이다.

김기석 청파교회 담임목사

『그리스도론』은 본회퍼가 20대 후반에 강의한 내용을 정리한 것입니다. 이 책을 읽다 보면 "그 젊은 나이에 어떻게 이토록 심오한 성찰을 했을까?"싶어서 자주 놀랍니다. 그리스도에 대해 논하는 것 그리고 창조와 타락에 대해 논하는 것은 "논할 수 없는 것"을 논하려는 시도입니다. 저자는 모든 언어와 논리가 무익해지는 영역에서 어떻게든 언어와 논리로 그 신비를 풀어 보기 위해 진력합니다. 그렇기에 『나를 따르라』나 『성도의 공동생활』 같은 책처럼 쉽게 읽히지 않습니다. 때로는 저자의 뜻을 헤아리기 어렵습니다. 그러나 그래서 더욱 신뢰가 느껴집니다. 이 글을 읽는 것은 마치 영적 시간 여행을 하는 것 같고 앉아서 우주여행을 하는 것 같습니다. 그리고 영적 세계를 꿰뚫어 보는 번개 같은 통찰들을 만납니다.

김영봉 와싱톤사귐의교회 담임목사

본회퍼의 책 중에서 가장 어려운 책 중 하나인 이 책은 온전한 하나님이자 온전한 인간이신 예수 그리스도의 정체성을 탐구하는 책이다. 본회퍼는 그리스도를 묻는 질문은 예배하기 위함임을 확언하면서, 이 질문은 학문적으로 오직 교회 공간 안에서만 제기될 수 있음에도, 현실의 교회와 특히 제도권 신학자들에게 "그리스도는 항상 입맞춤으로 배반당한다"고 말한다. 이런 상황에서 한 인간이 예수를 만난다는 것은 인간이 죽든지, 아니면 인간이 예수를 죽이든지의 근본적으로 두 가지 가능성만 있을 뿐이다. 나치의 국가주의가 득세할 즈음에 그리스도가 누구인가라는 질문은 결국 교회를 삼키려는 국가주의의 위협에 맞서는 신앙적 기백의 물음이었다.

김회권 숭실대학교 기독교학과 교수

Dietrich Bonhoeffer
그리스도론
Christologie

디트리히 본회퍼 지음

정현숙 옮김

복 있는 사람

그리스도론

2019년 5월 14일 초판 1쇄 발행
2023년 3월 20일 초판 2쇄 발행

지은이 디트리히 본회퍼
옮긴이 정현숙
펴낸이 박종현

(주) 복 있는 사람
주소   서울특별시 마포구 연남동 246-21 (성미산로23길 26-6)
전화   02-723-7183(편집), 7734(영업·마케팅)
팩스   02-723-7184
이메일 hismessage@naver.com
등록   1998년 1월 19일 제1-2280호

ISBN 979-11-92675-45-9 03230

이 도서의 국립중앙도서관 출판예정도서목록(CIP)은
서지정보유통지원시스템 홈페이지(http://seoji.nl.go.kr)와 국가자료공동목록시스템
(http://www.nl.go.kr/kolisnet)에서 이용하실 수 있습니다. (CIP 제어번호: 2019012761)

Christologie
by Dietrich Bonhoeffer

Originally published in 1981 in German under the title
Christologie by Chr. Kaiser Verlag
All rights reserved.
This Korean translation edition © 2019 by The Blessed People Publishing Inc.,
Seoul, Republic of Korea.

이 한국어판의 저작권은 (주) 복 있는 사람에 있습니다.
신저작권법에 의하여 한국 내에서 보호받는 저작물이므로 무단 전재와 무단 복제를 금합니다.

차례

009 해설의 글

서론

020 I. 그리스도론 질문의 전개
044 II. 그리스도의 인격과 사역

제1부 현존하는 그리스도 — "나를 위한" 존재

066 I. 그리스도의 모습
067   1. 말씀으로서의 그리스도
075   2. 성례로서의 그리스도
087   3. 공동체로서의 그리스도

092 II. 그리스도의 자리
095   1. 인간 실존 중심으로서의 그리스도
096   2. 역사 중심으로서의 그리스도
103   3. 하나님과 자연 간 중심으로서의 그리스도

제2부 역사적 그리스도

108 I. 역사적 그리스도 서론

122 II. 비판적 그리스도론 또는 부정적 그리스도론
126   1. 가현설 이단(자유주의 신학)
139   2. 에비온파 이단
146   3. 단성설 이단과 네스토리우스파 이단
172   4. 종속설 이단과 양태설 이단

178 III. 비판적 그리스도론의 성과

184 IV. 긍정적 그리스도론
185   1. 인간이 되신 분
193   2. 낮아진 분과 높아진 분

210 **후기**(에버하르트 베트게·오토 두드추스)

233 **찾아보기**(성구 / 주제·인명)

해설의 글

본회퍼의 대표작들을 새롭게 번역하여 출판하게 된 것을 매우 기쁘게 생각한다. 이 가운데는 그의 신학의 넓이나 깊이를 볼 수 있는 『창조와 타락』, 그리고 그의 사후에 출판된 『윤리학』과 학생들의 강의 노트를 베트게가 편집해서 낸 『그리스도론』과 시편을 가지고 기도하는 법을 가르치는 『성경의 기도서』도 포함되어 있는가 하면 이보다 훨씬 더 널리 알려진 『옥중서신』, 『나를 따르라』, 『성도의 공동생활』도 들어 있다. 메시지의 강도나 기독교 신앙의 뿌리를 파고드는 근본성이나 철저성, 삶과의 연관 속에서 참된 신앙을 배우고 실천하고자 하는 치열함의 관점에서 보면 본회퍼의 책은 우리를 압도하고, 경악하게 하고, 우리 자신을 예수 그리스도 앞에 무릎을

꿇지 않고는 견딜 수 없게 만든다.

본회퍼의 저작은 군사 독재와 유신 독재가 진행되던 1960년대 말과 1970년대 초 한국 교회에 일정한 이바지를 하였다. 많은 젊은이가 이 책들을 통해 본회퍼를 알게 되었고 그의 영향을 받았다. 우리말로는 『옥중서간』이라 번역된 본회퍼의 독일어판 『저항과 복종 Widerstand und Ergebung』을 1971년 부산 보수동 헌책방 골목에서 발견하고는 그해 겨울 탐독한 기억이 난다. 그 당시 나는 신학 대학에 몸을 담고 있었다. 『성도의 공동생활 Gemeinsames Leben』과 『나를 따르라 Nachfolge』를 읽게 된 것은 그 뒤였다. 본회퍼와의 만남은 나에게는 고등학교 시절 키르케고르를 읽으면서 배운 질문인 '어떻게 참된 그리스도인이 될 것인가'를 다시 일깨워 준 계기가 되었다. 지금도 이 물음은 나에게 여전히 남아 있다. 어떻게 참된 그리스도인이 될 것인가?

본회퍼를 한국 기독교 대중들이 처음 읽게 되었을 때는 존 로빈슨의 『신에게 솔직히』, 루돌프 불트만의 『성서의 실존론적 이해』와 『역사와 종말론』, 파울 틸리히의 『궁극적 관심』, 『문화의 신학』, 『흔들리는 터전』, 『존재의 용기』 등이 번역되어 같이 읽히던 때였다. 이때는 아무래도 실존적 관심이 크게 작용하지 않았나 싶다. 본회퍼는 불트만이나 틸리히와 같은 실존 신학자에 넣을 수 없겠지만, 그가 이 실존적 맥락에서 읽혔던 것을 우리는 부정하기 힘들다. 본회퍼 신학에는 분명히 실존적인 면이 있기에 이러한 방식이 완전한 오독이라 할 수 없다. 그럼에도 본회퍼 신학이 지닌 철저성, 근원성, 근본성을 제대로 이해하는 데는 걸림돌이 되었다고 생각한다.

1960년대와 1970년대 본회퍼가 읽히기 시작할 때 국내에 들어온 또 다른 신학 사조는 '세속화 신학'이었다. 그 당시 토마스 알타이저나 반 뷰렌의 이른바 '사신 신학'이 소개되고 하비 콕스의 『세속도시』가 번역되어 읽혔다. 『옥중서간』에서 본회퍼는 '종교 없는 기독교'를 이야기하고 세상·세속성에 대한 관심을 강하게 드러내기 때문에 그를 후대의 신학자들은 '세속화 신학'의 선구자로 여겼다. 그의 관심이 탈종교, 심지어는 탈기독교에 있다고 보고 어떤 이들은 그를 종교다원주의자 중의 한 사람으로 보기까지 하였다. 이것도 완전히 오독이라 할 수는 없을 것이다. 그러나 본회퍼를 세속화 신학자로 읽는 것은 매우 일면적이라 하지 않을 수 없다. 이와 나란히 1960년대와 1970년대 한국 상황에서 본회퍼가 사람들에게 매력의 대상이 된 것은 히틀러 암살 음모에 가담했다는 이유로 급기야 죽임을 당한 일이었다. 본회퍼는 그의 생애에서 보듯이 안락한 삶을 선택하기보다는 언제나 자신의 생명을 감수해야 할 정도로 위험한 삶을 선택했으며, 그가 선택한 삶에 대한 신학적 사고 작업에 누구보다 철저하였다. 본회퍼가 소개될 당시는 박정희 대통령이 정권을 잡고 있었고 민주화에 대한 열망이 크게 일고 있었다. 이러한 맥락에서 본회퍼는 남미의 해방 신학자 구티에레스와 더불어 민중 해방 신학의 선구자로 읽히게 되었다. 본회퍼 사상에 이런 면이 없지 않지만 이러한 방식의 독해 또한 오독의 여지가 컸다고 말할 수밖에 없다.

오늘날 한국 교회가 처한 상황에서 본회퍼를 다시 새롭게, 새로운 번역으로 읽게 되는 의미가 무엇일까? 나는 한국 교회가 처한 세 가지 근본적인 상황이 다시 본회퍼 읽기를 필연적인 과제로 제공한다고 생각한다.

우선 무엇보다도 한국 교회는 어느 다른 시대, 어느 다른 지역에 비해 자본주의에 깊이 물든 교회의 모습을 하고 있다. 오늘날 한국 교회는 타인과의 경쟁이 삶의 방식이 되고, 돈이 주인이 되며, 욕구와 욕망이 삶을 추동하는 힘이 되고, 작은 것보다 큰 것이, 질보다는 양이, 거저 줌이나 나눔보다는 거래가 오히려 삶을 지배하는 가치가 된 자본주의 체제에 종속되어 버렸다. 여기에는 공동체가 들어설 자리가 없고 예수를 따르는 제자도는 기대할 수 없다. 예수 그리스도를 통해 받은 은혜는 손쉽게 유통되고 거래되고, 값싸게 소비된다. 본회퍼의 글은 이런 한국 교회의 현실을 적나라하게 드러내고 꾸짖고, 예수 그리스도를 우리의 삶 속에서 회복할 수 있는 길을 보여준다. 이것이 본회퍼를 오늘 이 땅에서, 참된 그리스도인이 되기를 희망하는 그리스도인이 읽어야 할 이유라 생각한다.

한국 교회의 두 번째 문제는 다른 사상, 다른 종교, 다른 삶의 방식을 가진 사람들과 함께 살아가는 방식을 모른다는 것이다. 기독교 아닌 다른 것에 대해서, 특별히 기독교 아닌 다른 종교에 대해서는 지극히 배타적인 삶의 방식을 그리스도인들은 어느 사이 몸에 익혔다. 이렇게 보는 태도는 한국인 특유의 문제라기보다 나와 남, 우리 것과 남의 것, 우리 지역과 다른 지역으로 구별하여 언제나 나 중심, 우리 중심으로 보는 인간의 습성에 뿌리를 두고 있다고 할 수 있겠으나, 우리의 경우에는 심하다고 하지 않을 수 없다. 이러한 상황에서 나는 본회퍼를 통해서 삶과 사상과 종교와 문화를 철저히 그리스도 중심적으로 보는 태도를 새롭게 배울 수 있다고 생각한다. 세상의 학문이나 세상의 예술, 세상의 종교를 만물을 구속하시고 회복하시는 그리스도 안에서 보고, 가려내고, 수용하고, 누리는 법을 우리가 본회퍼를 통해 배울 수 있으므로 나는 우리가 다시 본회퍼를 읽어야 한다고 생각한다.

한국 교회의 세 번째 문제로 나는 교회 안에 만연한 '실천적 무신론'을 지목하고자 한다. 입으로나 말로는 하나님의 존재를 인정하고 예배를 드리고 전도를 하지만 행실로는 삶에 열매가 크게 보이지 않는 것이 우리의 문제다. 믿지 않는 사람으로부터 '이기적이고', '배타적이며', '자기들끼리'만이라는 비난을 받게 되었다. 그 까닭을 생각해 보면 믿음으로 의롭게 된다는 가르침이 마치 삶 따로 믿음 따로인 것처럼 오해된 것이 무엇보다 큰 이유이고, 예수 그리스도를 믿는 믿음이 예수 따라 사는 삶임을 무시했기 때문이다. 입으로는 말로는 유신론자이지만, 실제로는 무신론자를 무수히 생산한 것이 현재 한국 교회의 현실이 되어 버렸다. 이러한 삶의 현실을 우리는 본회퍼와 더불어 생각하고, 본회퍼와 더불어 극복할 수 있다고 생각하기 때문에 나는 우리가 본회퍼를 다시 읽을 필요가 있다고 생각한다.

그렇다면 본회퍼를 어떻게 읽을 것인가? 본회퍼의 책은 수많은 정보를 담은 책이 아니다. 그러므로 예컨대 전화번호부나 신문을 읽듯이 찾고 싶은 것을 찾거나, 무슨 일이 일어났는지 알고 싶은 마음으로 읽어서는 안 된다. 또한, 본회퍼의 책은 수험서와도 다르다. 첫째, 둘째, 셋째 하면서 핵심 정리를 해야 할 그런 책이 아니다. 본회퍼의 책은 사도들의 서신과 같고, 구약 선지자들의 글과 같다. 무엇보다 우리 자신을 그분 앞에 내어놓기를 요구한다. 멀찌감치 뒤따라 걸어가거나 강 건너 불 보듯 할 것이 아니라 내 자신을 그분 앞에 내어놓고 나에게 하는 말로, 나의 삶을 보여주는 말로, 나의 모습을 비추는 거울로 생각하고 읽어야 한다. 나에게 절실한 마음으로, 나의 삶과 관련지어 읽어야 한다.

　　나에게 절실한 내용이 되도록 읽으려면, 무엇보다도 천천히 읽어야 한다. 빠르게 스쳐 가는 것이 아니라 마치 입안에 넣은 고기를 천천히 시간을 들여 씹듯이, 천천히 씹고 또 씹어, 그 맛이 완전히 입안에 녹아나도록 읽어야 한다. 그러고는 천천히 삼켜서 내 몸에 피가 되고 살이 되게 읽어야 한다. 그렇지 않으면 머릿속에 기억으로 어느 정도 남아 있을 뿐 내 자신을 형성하고 내 삶을 바꾸어 내는 읽기가 되지 못한다. 둘째는 공감적인 읽기가 필요하다. 그가 하고자 하는 말, 그가 초대하는 생각, 그가 안타까워하는 일에 내 가슴을 내어놓고 같이 아파하고, 같이 슬퍼하고, 같이 기뻐하고 즐거워하는 마음으로 읽어야 한다. 셋째는 이러한 과정을 거치면서 비판적으로, 다시 말해, 제대로 가려서 읽어야 한다. 제대로 잘 가려 읽으려면 본회퍼의 글을 먼저 이것과 저것, 이 구절과 저 구절을 잘 가려 구별하면서 읽어야 하고, 우리의 현실 상황에 비추어 비판적으로 읽어야 한다. 이렇게 할 때 본회퍼의 책은 나 자신과 우리의 현실, 한국 교회의 실제 모습을 보게 하고, 힘과 지혜를 얻게 하고, 성경을 다시 읽게 해주고, 그리하여 참된 그리스도인, 참된 공동체를 희망하게 해줄 것이라고 확신한다.

강영안

서강대학교 철학과 명예교수·미국 칼빈신학교 철학신학 교수

일러두기 이 책의 성경 인용은 『개역개정』을 따랐다.

서론

I.

그리스도론 질문의 전개

그리스도에 관한 가르침은 침묵 속에 시작된다. "잠잠하라. 왜냐하면 그분은 절대적이기 때문이다."^키르케고르 여기서 침묵은 신비주의적인 침묵과는 아무 상관도 없는데, 그들의 침묵은 자기 자신과 나누는 비밀스런 영혼의 수다에 불과하기 때문이다. 교회의 침묵은 말씀 앞에서의 침묵이다. 교회는 말씀을 선포하는 가운데, 참으로 말로 표현할 수 없는 분 앞에 잠잠히 무릎 꿇는다(σιωπῇ προσκυνείσθω τὸ ἄρρητον).^알렉산드리아의 키릴로스 선포된 말씀은 말로는 표현할 수 없으며, 이 말로 표현할 수 없는 것 ἄρρητον이 말씀이다. 말씀은 선포되어야만 한다. 이러한 선포는 전쟁터에서 외치는 커다란 함성과도 같다.^루터 교회가 세상을 향해 외치는 소리는 말로는 표현할 수 없는 상태로 머문다. 그리스도에 대해 말한다는 것은 침묵하는 것이며, 그리스도에 대한 침묵은 말하는 것이다. 올바른 침묵에서 나온 교회의 올바른 말이 그리스도를 선포하는 것이다.

여기서 우리는 이러한 선포에 관한 학문을 개진하려고 한다. 이러한 학문의 대상은 또한 오직 선포를 통해서만 자기 자신을 보여준다. 다시 말해 그리스도에 관한 말은 교회의 침묵하는 공간 안에서 이루어지는 말이어야 한다는 뜻이다. 성례 공동체Sakramentsgemeinde가 겸허한 마음으로 침묵하며 경배 드리는 거룩한 예배의 자리에서 그리스도론은 개진되어야 한다. 기도는 하나님 앞에 나아가 그분 말씀의 면전에서 침묵하며 부르짖는 것이다. 그리고 하나님 말씀의 대상이신 그리스도를 위하여, 우리는 공동체로서 모이는 것이다. 그런데 지금 우리가 모여 있는 장소는 교회가 아닌 강의실이다. 그 이유는 우리가 학문적인 연구를 할 목적으로 모였기 때문이다.

그리스도에 관한 말씀으로서 그리스도론은 하나의 고유한 학문이다. 왜냐하면 그리스도론의 대상인 그리스도 자신이 말씀Wort이며, 로고스Logos이기 때문이다. 그리스도론은 하나님의 말씀에 관한 교리이다. 그리스도론은 로고론 Logologie("말에 관한 말"을 연구하는 학문. 신학은 "하나님에 관한 말"

이 아니라, "하나님이라는 말에 관한 말"이라는 것이 신학의 바른 의미라고 한다—옮긴이)이다. 그러므로 그리스도론은 **그 자체로** 탁월한katexochen 학문이라 하겠다. 그 이유는 그리스도론이 로고스에 관한 학문이기 때문이다. 만약 이러한 로고스가 우리 자신의 로고스라면, 그리스도론은 우리 자신을 반영하는 로고스가 될 것이다. 그러나 로고스는 하나님의 로고스이다. 로고스의 초월성이 그리스도론을 탁월하게 하는 것이며, 그리스도론이 외부로부터Von-außen-her 학문의 중심이 되도록 하는 것이다. 그리스도론 학문의 대상은 그분이 인격Person이라는 사실을 통해 자신의 초월성을 보증한다. 즉, 여기서 다루고자 하는 로고스는 하나의 인격이며, 이 인간Mensch은 초월적 존재Transzendent인 것이다.

이 말에는 두 가지 의미가 있다.

ⓐ 로고스는 관념Idee이 아니라는 사실이다. 관념이 로고스의 궁극적 실재로 사고된다면, 그리스도론의 핵심적 성격과 탁월한 위치에 대해 올바르게 이해할 수 없을 것이다.

ⓑ 그리스도론이 탁월한 학문이자, 학문 영역의 중심에 있다는 주장은 고독한 외침으로 남아 있는 것이 사실이다. 그

리스도론은 연구 대상의 초월성에 대해 암시할 뿐, 아무런 증거도 제시할 수 없다. 초월성 명제, 즉 그가 로고스, 인격, 인간이라는 사실은 전제일 뿐, 증명의 대상이 아니기 때문이다. 여기서 초월성이 사고의 전제가 아니라 증명의 대상이 되는 것을 허용해 버린다면, 자기 자신을 이해하는 이성의 내재성에 불과할 것이다. 오직 교회 공간 안에서 이해되는 학문만이 그리스도론이 모든 학문 영역의 중심에 있다는 사실에 동의할 수 있을 것이다. 그리스도론은 모든 학문universitas litterarum의 중심이지만, 드러나지 않고 은밀하게 숨겨져 있는 중심인 것이다.

모든 학문적인 물음은 다음 두 가지 질문으로 소급될 수 있다.

ⓐ X의 원인은 무엇인가?

ⓑ X의 의미는 무엇인가?

첫째 질문은 자연과학 영역을 포괄하며, 둘째 질문은 인문과학 영역을 포괄한다. 이 둘은 서로에게 속해 있다. 대상 X가 다른 대상들과의 인과적 맥락 속에서 이해된다면 자연과학에 해당한다. 대상 X가 이미 알려진 다른 대상들과 의미의 연관성 속에서 이해된다면 인문과학에 해당한다. 두 학문 모두에 정돈Einordnung 질문이 중요하다. 질서Ordung에 편입될 수 있는 가능성이 미지의 대상을 이미 존재하는 도식Schema 속에서 인식되도록 하는 것이다. 미지의 대상 X는 어떻게 이미 주어진 질서 속으로 편입되는가? 여기서는 대상이 어떻게 이러한 편입의 가능성을 갖추게 되는지, 즉 어떻게Wie에 질문의 초점을 맞추고 있다. 이러한 "어떻게"라는 방법을 통해 미지의 대상이 규정되고 이해되며 인식되는 것이다. 다시 말해 인간의 내재적 로고스가 체계적인 분류와 종합의 과정을 통해 대상의 "어떻게"를 규정하는 것이다. 이것은 그리스도론 물음에서 중요하다. 대상을 정리 분류하는 것은 어떻게 가능한가?

여기서 마지막 전제가 되는 것은 인간성 속에 질서를 부여하는 로고스가 주어져 있다는 사실이다. 그런데 학문의 영역에서 이러한 전제가 의심에 휩싸인다면 어떻게 될 것인가? 이러한 인간의 로고스가 지양止揚, aufheben(변증법의 중요한 개념으로, 어떤 것을 그 자체로는 부정하면서 오히려 한층 더 높은 단계에서 이것을 긍정하는 일―옮긴이)되고 심판을 받아 죽었다는 주장이 제기된다면 어떻게 되는가? 질서 속으로 편입되지 못한 반反로고스Gegen-Logos가 등장하게 된다면 어떻게 되는가? 만약 처음 것은 이미 말살되었다고 한다면 어떻게 되는가? 처음 질서는 이미 깨어졌고, 극복되었으며, 새로운 세상을 마주하는 일이 이미 시작되었음을 선포한다면 어떻게 되는가? 이런 말로 설득하려 들면, 인간 로고스는 어떤 대답을 할 수 있는가?

우선, 인간 로고스는 그의 오랜 질문을 반복할 수 있을 뿐이다. 어떻게 그런 주장을 하는 것이 가능한가? 자신에게 주어져 있는 질서 속에서 이것을 어떻게 이해할 수 있는가? 인간 로고스는 여전히 "어떻게"라는 질문에 머물러 있는 것이다. 로고스는 자신의 지배권이 외부로부터 위협을 받는 상황 속에서 이제 장엄한 일을 이루어 낸다. 로고스는 자기 자신을 부정함으로, 동시에 이러한 자기부정이 자신이 가진 고유한 본성의 필연적 발전임을 주장하는 것이다. 이것이 로고스의 궁극적 간계List이자 궁극적 힘이다. 헤겔은 그의 철학에서 바로 이것을 밝히려 했다. 로고스가 반로고스의 공격 속에서 행한 일은 계몽으로 나타나는 것처럼 다른 로고스의 저속한 방어가 아니라, 자기부정의 힘이라는 위대한 인식에 있음을 주목해야 한다. 왜냐하면 자기부정은 곧 자기 긍정을 의미하기 때문이다. 로고스는 자기 자신에게 한계선을 그음으로, 다시 자기 고유의 힘을 되찾는 것이다. 그럼에도 불구하고, 로고스는 반로고스의 주장을 인정해 준다. 이로써 그의 마지막 전제 조건을 공격하려는 시도는 실패로 끝난 것처럼 보인다. 왜냐하면 로고스가 반로고스를 자기 안으로 수용해 버렸기 때문이다.

그러나 반로고스가 갑자기 전혀 새로운 모습으로 나타나 자기 권리를 요구한다면 무슨 일이 일어나는가? 반로고스가 하나의 관념이 아니라, 로고스의 지배에 저항하는 말씀이라고 주장한다면 어떻게 되는가? 반로고스가 역사의 어느 시점 어딘가에서 인격으로 나타난다면 어떻게 되는가? 반로고스가 인간 로고스의 심판을 주장하며, 자신을 가리켜 "내가 곧 길이요 진리요 생명이니"요 14:6라고 한다면 어떻게 되는가? 나는 인간 로고스의 죽음이며, 나는 하나님 로고스의 생명이라고 주장한다면 어떻게 되는가? 인간은 자신의 로고스와 함께 죽어야만 하며, 내 손 안에 빠져들어 온 존재라고 주장한다면 어떻게 되는가? 나는 처음이요 마지막계 1:17이라고 한다면 어떻게 되는가?

역사에서 반로고스가 더는 이념으로서가 아니라, 육신

이 된 말씀으로 등장한다면, 더 이상 그를 고유의 로고스 질서 속으로 받아들일 수 있는 가능성은 없다. 여기서는 오직 "당신은 누구입니까? 당신 스스로 말하십시오!"라는 객관적인 물음이 있을 뿐이다. "당신은 누구입니까?"라는 질문은 폐위된 이성이 경악하며 던지는 물음이다. 그러나 동시에 신앙의 물음이기도 하다. "당신은 누구입니까? 당신이 바로 하나님입니까?" 그리스도론에서 다루고자 하는 문제가 바로 이 물음이다. 그리스도는 반로고스이다. 반로고스를 질서에 편입할 수 있는 가능성은 존재하지 않는다. 왜냐하면 이러한 로고스의 현존재Dasein는 인간 로고스의 종말을 의미하기 때문이다. 오직 "당신은 누구입니까?"라는 물음만이 걸맞는 질문이라 할 것이다. 이러한 물음에 현상Phänomen이 열리는 것이다. 그리고 그분이 "누구인가"라는 물음에 대답하는 것이다. "누구Wer"에 대한 물음은 초월성에 관한 물음이다. "어떻게Wie" 물음은 내재성에 관한 물음이다. 그러나 여기서 물음의 대상이 아들이기 때문에, 내재적 질문을 가지고는 그분을 이해할 수 없다. 불신에서 나온 물음이자 뱀의 질문이라 할 수 있는 "당신은 어떻게 가능한가?"가 아니라, "당신은 누구입니까?"로 물어야 하는 것이다. "누구-물음Wer-Frage"은 마주하고 있는 상대의 낯섦Fremdheit과 타자성Andersartigkeit을 표현하는 물음이다. 동시에 이 물음은 질문하는 사람의 실존 문제Existenzfrage를 백일하에 폭로하는 것이기도 하다. 그는 자신의 존재가 아니라, 낯선 존재에 대해 묻고 있으며 자기 실존의 한계에 대해 묻는 것이다. 초월성은 자기 고유의 존재를 의문시한다. 그의 로고스가 한계를 경험한다는 대답과 함께, 그는 자기 실존의 한계와 마주하는 것이다. 그래서 초월성 문제는 실존 문제이며, 실존 문제는 초월성 문제이다. 신학적으로 표현하자면, 오직 하나님에 의해서만 인간은 자신이 누구인지를 알게 된다고 말할 수 있다. "당신은 누구입니까?"라는 물음은 일상적인 삶 속에 존재한다. 그러나 철저하지 않으면, 이 질문은 때마다 "어떻게-물음Wie-Frage" 속으로 들어가 용해되어 버리고 만다. 당신이 어떤 사람인지 나에게 말해 보시오. 당신이 어떻게 생각하는지 나에게 말해 보시오. 그러면 나는 당신이 누구인지 말할 것이오. 이러한 세속화된 누구-물음은 모든 인생에게 던져진 근원적인 종교적 물음의 잔재라 할 수 있다. 누구-물음은 단연 종교적인 물음이다. 이러한 물음은 타인과 타인의 권리에 대한 물음이며, 다른 존재에 대한 물음, 다른 권위에 대한 물음이다. 이것은 이웃에 대한 물음이며, 이웃 사랑에 대한 물음이다. 초월성 문제나 실존 문제는 인격에 대한 물음이다. 이 말이 의미하는 바는, 인간은 누구-물음에 대해 스스로 대답할 수 없다는 것이다. 실존은 자기 자신을 박차고 나올 수 없으며, 실존은 자신과 관련된 채로 머물러 있고, 단지 자기 안에서만 스스로를 반영할 뿐이다. 실존은 자신의 권위에 속박된 채, 항상 "어떻게"라는 질문을 반복한다. 이것은 "그 자체로 비뚤어진 마음cor curvum in se"이다.루터 우리가 "당신은 누구입니까"라고 묻는다면, 이것은 순종하는 아담의 언어로 말하는 것이다. 그러나 우리는 타락한 아담의 "어떻게"로 사고한다. 즉, 우리의 사고는 "당신은 어떠한가"로 묻는다는 말이다. 이러한 사고가 첫 번째 언어를 황폐하게 만들었다.

도대체 우리는 단호하게 "누구인가"라는 질문을 할 수 있을까? 우리는 누구인가를 물으면서, "어떻게"와는 다른 사고를 할 수 있을까? 우리는 그렇게 할 수 없다. 누구인가에 대한 비밀은 우리에게 감추어져 있다. 비판적 사고의 궁극적 물음은 누구인가를 물어야만 하지만, 그렇게 할 수 없는 모순 속에 있는 것이다.

우선 이 말이 의미하는 바는 다음과 같다. 물음이 올바르게 제기될 수 있으려면, 물음에 대한 답이 이미 주어져 있어야만 한다는 것이다. 누구인가에 대해 합법적인 물음을 제기하기 위해서는, 물음의 대상이 미리 스스로를 계시해 주어야 하며 내재적 로고스가 지양되어 있어야만 하는 것이다. 누구인지에 대한 물음은 미리 주어진 대답을 전제로 한다는 말이다.

더 나아가 이 말은 다음과 같은 의미가 있다. 그리스도론 물음은 학문적으로 오직 교회 공간 안에서만 제기될 수 있다는 것이다. 하나님의 로고스라는 그리스도의 주장이 정당하게 받아들여지는 곳이 전제되어야 한다는 말이다. 그분이 누구신지 이미 알고 있기 때문에 하나님에 대한 질문을 하는 곳에서, 그리스도 물음이 개진될 수 있는 것이다. 일반적이고 맹목적으로 무턱대고 돌진한다고 해서 하나님을 찾을 수는 없다. 여기서 말하고자 하는 것은 이미 발견했기 때문에 찾을 수 있다는 것이다. "당신께서 나를 이미 찾지 않으셨다면, 당신은 나를 찾지 않으실 것입니다"(tu ne me chercherais pas si tu ne m'avais trouvé, 파스칼, 『로마서』(칼 바르트, 복 있는 사람) 593쪽 참조―옮긴이). 아우구스티누스에게서도 이러한 사고를 발견할 수 있다. 이로써 그리스도론 연구를 실행할 수 있는 장소 Ort(자리)가 어디인지 분명해졌다. 그리스도가 하나님의 말씀으로서 자신을 계시하신 교회, 바로 그곳에서 인간 로고스는 질문을 던지는 것이다. "하나님의 말씀, 하나님의 로고스, 예수 그리스도, 당신은 누구십니까?" 대답은 이미 주어졌으나, 교회는 날마다 새롭게 그 대답을 받고 영접하는 것이다. 그리고 인간 로고스는 그 대답을 이해하려 하며 묵상하고 해석하려고 애쓰는 것이다.

그리스도론 사고에서 다음과 같은 두 가지 질문은 금지되어 있다.

ⓐ 이미 주어진 대답과 교회의 누구-물음이 옳다고 인정할 수 있는가에 대한 질문이다. 이러한 질문은 타당하지 않은데, 그 이유는 인간 로고스는 다른 로고스의 진실을 의심하여 심급을 거치는 일을 수행할 수 없기 때문이다. 자기 자신에 대한 예수의 증거는 오직 그분 자신에 근거하고 있으며, 그분이 스스로를 입증하는 것이다. 이것이 모든 신학의 짐이기도

하다. 그리스도 안에 있는 하나님의 계시라는 "사실Daß"은 학문적으로 확언할 수도, 부정할 수도 없기 때문이다.

ⓑ 두 번째 금지된 질문은 "사실"을 어떻게 사고할 수 있는가에 대한 문제이다. 이 질문은 그리스도의 주장에 대해 한발 뒤로 물러서서, 그리스도에 대한 근거를 자기 나름대로 확립해 보고자 하는 것이다. 이렇게 함으로써 감히 인간 로고스가 처음인 것처럼 행세하며, 예수 그리스도의 아버지라도 되는 것처럼 행세하는 결과에 이르는 것이다. 인간 로고스는 이러한 주제넘은 요구 속에서 삼위일체의 모습을 꾀하는 것이다.

이와 같은 두 가지 질문을 배제한 후에야, 그리스도가 누구신가에 대한 질문, 그분의 존재와 본질, 본성에 대한 질문을 제기할 수 있다. 다시 말해 그리스도론적 질문은 본질상 존재론적ontologisch 질문인 것이다. 그리스도론의 질문 목적은 어떻게-물음의 굴레 속에 빠져들거나 "사실-물음Daß-Frage"의 소용돌이 속으로 빠져들지 않고, 누구인가 하는 존재론적 구조를 뚜렷하게 드러내는 데 있다. 고대 교회는 어떻게-물음에서, 계몽주의 이후 현대 신학과 슐라이어마허는 사실-물음에 부딪쳐 좌초하고 말았다. 그러나 신약성경이나 루터, 사도 바울은 그 한가운데를 뚫고 지나갔다.

　　다시 처음 질문으로 돌아가 보자. 그리스도론 물음은 어떤 점에서 학문의 중심에 있는가? 어떤 점에서 오직 그리스도론 물음 안에서만 초월성 물음이 실존 물음의 모습으로 제기되는가? 어떤 점에서 존재론적 물음이 인격의 존재에 대한 물음, 즉 예수 그리스도 인격의 존재에 대한 물음으로 제기되는가? 그리스도 인격의 초월성에 의해 옛 로고스는 심판을 받고, 자신의 새롭고 상대적인 권리를 이해하기 시작하며, 자신의 한계와 필연성을 배우게 되는 까닭이다. 그러므로 로고학으로서 그리스도론이 비로소 모든 학문을 가능하게 한다고 말할 수 있다. 그러나 지금까지 다루어진 내용은 단지 형식적인 면에 불과하다.

　　더 중요한 것은 내용적인 측면이다. 인간의 이성은 누구-물음으로 인해 자기 한계에 이르고 말았다. 반로고스가 자기 권리를 주장하고 나선다면 무슨 일이 일어나는가? 인간은 자기를 마주 보고 서 있는 "누구"를 없애 버리고 마는 것이다. 빌라도는 "너는 누구냐?"라고 묻는다. 예수는 침묵한다. 인간은 위험한 대답이 주어지는 것을 기다릴 수 없다. 로고스는 반로고스를 감당할 수 없다. 그는 둘 중 하나는 죽어야만 한다는 사실을 안다. 그리하여 그는 의문이 제기된 상대를 죽이고 마는 것이다. 인간 로고스가 죽으려 하지 않기 때문에, 그의 사망인 하나님의 로고스가 죽어야 하는 것이다. 결국 그는 해답을 찾지 못한 채 실존 문제와 초월성 문제를 안고 계속 살아가게 되는 것이다. 성육신하신 하나님 로고스는 인간 로고스로 인해 십자가에 못 박혀야만 했다. 위험한 질문을 강요한 자는 죽임을 당했고, 그와 함께 위험한 질문도 죽임을 당한 것이다.

만약 죽임을 당한 이 반말씀Gegenwort이 죽음에서 일어나 하나님의 궁극적인 말씀으로 살아 승리한다면 어떻게 되는가? 그를 죽인 자를 향해 그 말씀이 세워진다면? 십자가에 달린 자가 부활한 자로 보여진다면? 여기서 "당신은 누구인가?" 질문이 가장 첨예화된다. 여기서 이 질문은 인간 너머, 주위, 안에서 대답과 같은 질문으로서 영원히 살아 있다. 인간은 사람이 되신 분을 대적해 논박할 수 있지만, 부활하신 분에 대해서는 무력하다. 이제 그분 자신은 심판받은 분이며 죽임당한 분이다. 질문은 뒤바뀌어서 인간의 로고스에게 제기된다.

당신이 그렇게 질문하다니, 도대체 당신은 누구인가? 당신이 그렇게 질문하다니, 도대체 당신은 진리 안에 있는가? 나는 당신을 회복시켜 의롭게 하였고 은혜를 입게 하였다. 그래서 이제 당신은 오직 내게 질문할 수 있게 되었다. 그런 당신은 도대체 누구인가?

이렇게 전도顚倒된 질문이 들려지는 곳 어디나, 바로 그곳에서 "누구"를 묻는 그리스도론 질문이 최종적으로 정식화된다. 인간이 자기편에서 그렇게 질문한다는 사실이 바로, 그렇게 질문하는 자가 누구인지를 가리킨다. 오직 하나님만이 그렇게 질문할 수 있다. 인간은 다른 이에게 그렇게 질문할 수 없다. 이제 여기서 "당신은 누구인가?"라는 역질문이 제기될 뿐이다. 그래서 "사실"과 "어떻게"를 묻는 질문들은 떨어져 나간다.

이것은 구체적으로 무엇을 의미하는가? 미지의 존재는 오늘날에도 인간의 길에 등장한다. 그래서 "당신은 누구인가?"라는 질문―이 질문이 너무도 자주 왜곡되더라도―만남을 뿐이다. 사람들은 그 미지의 존재와 씨름해야만 한다. 사람들은 괴테와 소크라테스와도 씨름해야만 한다. 이들과의 씨름은 우리의 교양과 에토스(인간의 습관적인 성격이나 어느 사회 집단의 특유한 관습. 로고스, 파토스와 대조된다—옮긴이)가 달린 문제이다. 그러나 그리스도와의 씨름은 삶과 죽음, 구원과 저주가 달린 문제이다. 밖에서는 자세히 볼 수 없다. 그러나 교회 안에서는 모든 것이 다음 명제에 근거하고 있다. "다른 이로써는 구원을 받을 수 없나니."^{행 4:12} 예수와의 만남은 소크라테스와 괴테의 만남과 다른 원인이 있다. 사람들은 예수의 인격을 지나쳐 버릴 수 없다. 왜냐하면 그분은 살아 계시기 때문이다. 반면에 사람들은 괴테의 필요성을 지나쳐 버린다. 왜냐하면, 그는 죽었기 때문이다. 예수와의 만남을 저항하거나 피하려는 시도는 수천 가지나 된다.

프롤레타리아 세계에서는 그리스도가 교회나 부르주아 사회와 함께 끝난 것처럼 보인다. 그 세계는 예수와의 만남을 위해 양질의 자리를 제공할 계기가 전혀 없는 것처럼 보인다. 교회는 자본주의 체계를 인가한 우민화 기관으로 비쳐진다. 그러나 바로 이 지점에서 그 세계에는 예수를 그분의 교회와 거리를 둘 가능성이 생긴다. 예수가 잘못이 아니다. (그 세계는—옮긴이) 예수는 긍정하지만, 교회는 부정한다. 여기서 예수는 이상주의자가 될 수도 있고, 사회주의자가 될 수도 있다. 프롤레타리아가 자신의 불신의 세계에서 예수는 선한 사람이었다고 말한다면, 이것은 어떤 의미인가? 이 말은 예수에 대해서는 불신할 필요가 없다는 뜻이다. 프롤레타리아는 예수가 하나님이라고 말하지 않는다. 그러나 (프롤레타리아가―옮긴이) 예수는 선한 사람이라고 말하는 것은 부르주아가 예수는 하나님이라고 말하는 것 그 이상이다. 부르주아에게 하나님은 교회에 속한 그 어떤 것이다. 그러나 예수는 공장이라는 공간에서는 사회주의자로 현재 존재할 수 있고, 정치적인 일에서는 이상주의자로 존재할 수 있고, 프롤레타리아의 현존재 Dasein 속에서는 선한 사람으로 존재할 수 있다. 그분은 그들과 한 노선에 서서 원수, 즉 자본주의와 투쟁하신다. 당신은 누구인가? 당신은 형제이며 주님이신가? 여기서 이 질문은 단지 빗나간 것일까? 아니면 그들 방식대로 진지하게 제기된 질문은 아닐까?

    도스토옙스키는 그리스도의 모습을 러시아 교양의 광채 안에서 백치Idiot로 표현하고 있다. 그 백치는 접촉을 피하지 않으며, 서투른 모습으로 어디에서나 충돌한다. 그는 위대한 자들이 아니라, 어린아이들과 어울린다. 그는 미소 짓게 하고, 사랑받는다. 그는 바보이지만, 현인이다. 그는 모든 것을 감당하며, 모든 것을 용서한다. 그는 혁명가이지만, 스스로 순응하는 자이다. 그는 의도한 것은 아니지만, 자신의 순수한 실존으로 자신을 주목하게 한다. 당신은 누구인가? 백치인가, 아니면 그리스도인가?

사람들은 게르하르트 하웁트만(독일의 극작가·소설가. 1912년 노벨 문학상 수상자―옮긴이)의 소설 『그리스도 안의 바보, 에마누엘 크빈트 *Der Narr in Christo Emanuel Quint*』나 아니면, 빌헬름 그로스와 게오르게 그로츠의 그리스도 삽화나 캐리커처를 생각할 수도 있다. 이들의 배후에도 다음과 같은 질문이 있다. "도대체 당신은 누구인가?" 그리스도는 모든 시대에 걸쳐 새롭게 질문의 대상이 되고, 새롭게 오해되고, 새롭게 죽임당한다.

신학자도 예수를 만나려고 아니면 그를 지나치려고 동일한 시도를 한다. 신학자들은 예수를 배신하며, 연민을 가장한다. 그리스도는 항상 입맞춤으로 배반당한다. 예수와 끝장내고 싶다는 것은 언제나 조롱하는 자들과 함께 무릎 꿇고 "랍비여 안녕하시옵니까!"마 26:49를 말한다는 뜻이다. 예수를 만난다는 것에는 근본적으로 두 가지 가능성만 있을 뿐이다. 인간이 죽든지, 아니면 인간이 예수를 죽이든지.

"당신은 누구입니까?"라는 질문은 여전히 모호할 뿐이다. 이 물음은 그가 질문을 던지는 바로 그 자리에서 자신이 도리어 이 물음 앞에 서 있다는 사실을 알게 되며, 대답 대신 "도대체 너는 누구인가?"라는 역질문Gegenfrage을 듣는 것일 수도 있다. 그러나 이 질문은 또한 내가 어떻게 하면 당신과 더는 상관하지 않아도 될지를 묻는 물음이기도 하다. 그럴 때 이 물음은 위장된 어떻게-물음이 되는 것이다. 오직 자기 자신에게로 되돌아오는 역질문을 들을 수 있을 때, 예수에 대한 누구-물음을 제기할 수 있는 것이다. 그러면 인간이 예수님과 결판을 내는 것이 아니라, 예수님이 인간과 결판을 내는 것이다. 그래서 누구-물음은 오직 질문 안에 이미 역질문과 답이 포함되어 있음을 아는 신앙 속에서 제기되는 물음이라 할 수 있다. 그리스도론 물음이 인간 로고스의 질문으로 머물러 있다면, 그 물음은 어떻게-물음의 모호성에서 벗어날 수 없다. 그러나 그 물음이 신앙의 행위 속에서 목소리를 낸다면, 그 물음은 학문으로서 누구-물음을 제기할 수 있는 가능성을 가진다.

　　권위를 세우는 데 있어 두 가지 서로 상반되는 유형이 있다. 직무Amt로 인해 주어지는 권위와 인격Person에 의해 주어지는 권위가 그것이다. 직무에 있어 권위에 대한 물음은 "당신은 무엇인가?Was bist du?"(당신은 무엇을 하는 사람인가?―옮긴이)이다. "무엇Was"은 직무와 연관되어 있다. 인격의 권위에 대한 물음은 "당신의 권위는 어디에서 왔는가?"이다. 그 대답은 네가 너에 대한 나의 권위를 인정한다면, 바로 그때 너로부터 권위가 나온다는 것이다. 두 질문("당신은 무엇인가?"와 "당신의 권위는 어디에서 왔는가?"―옮긴이)은 모두 어떻게-물음으로 거슬러 올라가며, 그 속에서 정돈된다. 근본적으로 따져 보면 각각의 사람은 나와 똑같은 존재이다. 전제가 되는 것은 질문의 대상이 그의 존재 속에서 나와 동일하다는 사실이다. 권위는 오직 공동체의 권위를 수행하는 자, 직무를 수행하는 자, 말씀을 전하는 자일 뿐, 직무 그 자체이거나 말씀 그 자체는 아니다. 예언자들도 단지 말씀을 전하는 자로서 자기 직무를 수행하는 사람일 뿐이다. 그런데 누군가 그가 권위를 가진 자일 뿐 아니라, 권위 (그 자체―옮긴이)라고 주장하며 나타난다면 어떻게 되는가? 그가 직무를 맡은 자일 뿐 아니라 직무라고 주장하며, 말씀을 가진 자일 뿐 아니라 말씀이라고 주장한다면 어떻게 되는가? 여기서 새로운 존재가 우리 존재 속에 출현하는 것이다. 여기서 세상에서 최고의 권위라 할 수 있는 예언자는 종말을 고한다. 여기에는 더 이상 거룩한 성자(聖者), 종교개혁자, 예언자는 없으며, 여기에는 오직 아들Sohn이 있을 뿐이다. 그때는 더 이상 "당신은 무엇인가? 당신의 권위는 어디에서 왔는가?"라고 묻지 않게 된다. 그곳에서 하나님의 계시 자체에 대한 물음이 제기되는 까닭이다.

II.

그리스도의 인격과 사역

그리스도론은 구원론Soteriologie이 아니다. 이 둘은 서로 어떤 관계에 있는가? 그리스도의 인격에 대한 교리는 그리스도의 사역에 대한 교리와 어떤 관계에 있는가? 1521년 멜란히톤이 쓴 『신학 강요*Loci*』에서는 다음과 같이 말한다. "그리스도를 아는 것은 그분의 유익들을 아는 것이지, (스콜라 학자들이) 가르치는 것처럼, 그분의 본성들과 그분의 성육신의 방식들을 깊이 생각하는 것이 아니다"(hoc est Christum cognoscere, beneficia ejus cognoscere; non quod isti (i. e. die Scholastiker) docent: ejus naturas modos incarnationis contueri.). 여기서 그리스도론 물음은 구원론 물음으로 귀착되며 구원론 안에서 해결된다. 여기서는 그리스도가 "누구신가" 하는 물음이 오직 그분의 사역에 의해서 인식되는 것이다. 이것은 특수한 그리스도론은 불필요한 것으로 간주해야 한다는 결론에 이르게 했다. 이러한 견해는 새로운 시대의 막을 열었고, 슐라이어마허와 리츨에 의해 실행되었다.

체계적으로 질문해 보면 이렇다. 사역이 인격을 해석하는가, 아니면 인격이 사역을 해석하는가? 루터는 사람의 인격이 선한가의 여부에 모든 것이 달려 있다고 반복해서 말하곤 했다. 비록 전혀 그렇게 보이지 않을지라도, 인격이 선하면 사역도 선하다는 말이다. 그와는 반대로 사역이 선하다고 해서, 그것이 인격을 평가하는 기준이 될 수는 없다. 사역은 선하게 보일 수 있지만, 어쩌면 악마의 사역일 수도 있다는 말이다. "사탄도 자기를 광명의 천사로 가장하나니." 고후 11:14 반면, 사역은 악하게 보일 수 있지만, 그것이 하나님의 사역일 수도 있다는 것이다. 인간에 관한 상반되는 견해는 행위로 의롭게 되려는 Werkgerechtigkeit 오류로 인도한다. 루터에 의하면 인격이 사역을 해석해 준다는 것이다.

그러나 인격은 우리가 인식할 수 있는 것이 아니라, 오직 하나님에 의해서 인식되는 것이다. "주께서 자기 백성을 아신다." 딤후 2:19 인격에 의하지 않은 다른 길로는 사역에 접근할 방법이 없다는 말이다. 그러나 인격으로 가는 길은 하나님의 예정이라는 신비로 인해 우리에게 가로막혀 있다. 그래서 사역을 보고 인격에 대한 잣대를 삼고자 하는 시도는 성공하지 못한다. 왜냐하면 사역은 모호할zweideutig 뿐이기 때문이다. 그러므로 타인이 스스로 자신을 열어 보여주는 길 외에는 달리 그를 알 수 있는 방법이 없다. 이러한 일은 죄 사함이 이루어지는 교회에서 실제로 일어난다. 교회에서는 한 사람이 다른 사람 앞에 죄인으로 서서 죄를 고백하며 형제로 하여금 자신의 죄를 용서하도록 내맡길 수 있다. 그러므로 교회에서는 타인의 인격에 대한 앎이 이루어질 수 있는 것이다.

이러한 생각들은 그리스도론에 적용할 수 있다. 누가 이 사역을 하는지 알고 있을 때에만, 나는 그리스도의 사역을 이해할 수 있다. 사역을 알기 위해서는 인격을 아는 것에 모든 것이 달려 있다. 예수 그리스도가 이상주의적인 종교의 창시자였다면, 나는 그의 사역으로 인해 고무되고 그를 본받으려고 노력할 것이다. 그러나 나의 죄는 용서를 받지 못한다. 하나님은 여전히 내게 진노하시며, 나는 사망의 손아귀에 빠져들고 말 것이다. 이 경우 예수의 사역은 나 자신에 대한 철저한 절망에 이르게 할 뿐인데, 나는 그 모범에 절대 도달할 수 없기 때문이다. 그러나 예수가 그리스도이며 하나님의 말씀이라면, 그러면 나는 그와 똑같은 사역을 하도록 부르심을 받은 것이 아니라는 사실이 분명해진다. 그러면 나의 힘으로는 어떤 방법을 동원하더라도 이룰 수 없는 일을 행하신 그분의 사역 안에서 그분을 만나게 되는 것이다. 나는 그분의 사역을 통하여 은혜로우신 하나님을 인식하게 되며, 나의 죄는 용서를 받았고, 나는 더 이상 사망 안에 있지 않고 생명 안에 거하게 되는 것이다. 그분의 사역이 사망의 세상 속으로 사라지고 말 것인가, 아니면 생명의 새로운 세상 안에 영원히 머물러 있을 것인가 하는 문제가 모두 그리스도의 인격에 달려 있는 것이다.

그러나 그리스도의 사역, 즉 그분의 역사歷史, Geschichte를 통해서가 아니라면, 달리 그리스도의 인격을 알 수 있는 방법이 있는가? 이러한 항의 속에는 아주 뿌리 깊은 오류가 숨어 있다. 왜냐하면 그리스도의 사역도 명백한eindeutig 것은 아니며, 다양한 해석의 가능성이 열려 있기는 마찬가지이기 때문이다. 그리스도의 사역은 그를 영웅이라고 해석하게도 하고,

그의 십자가는 신념에 충실한 용기 있는 한 남자의 행동이 완성된 것이라고 해석하게도 하는 것이다. 예수의 생애를 보면, 예수가 의심의 여지없이 하나님의 아들이라고 명백하게 말하기 위해 제시할 수 있는 분명한 사역을 찾을 수 없다. 오히려 예수는 육신을 입으시고 역사의 알려지지 않음Incognito(익명, 『로마서』 162쪽 참조―옮긴이) 가운데서 행하셨다. 육신을 입은 익명성 속에는 사역을 통해 예수의 인격을 인식하는 것이 불가능한 두 가지 이유가 있다.

ⓐ 예수는 인간이기에, 사역으로부터 인격을 역추론하는 것은 모호하다.

ⓑ 예수는 하나님이기에, 역사로부터 직접 하나님을 역추론하는 것은 불가능하다.

이러한 인식의 길이 닫혀 있다면, 예수 그리스도에게 가는 길을 발견할 수 있는 방법에는 이제 단 하나의 시도가 남아 있을 뿐이다. 그것은 인격이 자기 존재 안에서 아무 강요 없이 스스로를 계시하는 장소로 찾아가 보는 것이다. 바로 그리스도 앞에서 기도하는 장소이다. 오직 말씀을 통해 자유로운 계시가 주어지는 곳에서, 그리스도의 인격과 그분의 사역을 인식할 수 있는 길이 내게 열리게 되는 것이다.

이로써 구원론 문제에 앞서 그리스도론 문제가 신학적으로 우선순위에 있다는 사실이 입증되었다. 그 일을 행하는 자가 **누구**Wer인지를 알 때, 그가 행하는 것이 **무엇**Was인지도 알 수 있다. 그러나 마치 인격과 사역을 따로 분리시킬 수 있다는 듯이 추론하는 것은 잘못이다. 여기서 다루는 것은 단지 인격과 사역에 관한 인식의 맥락일 뿐, 실제적인 맥락을 다루는 것은 아니기 때문이다. 그리스도론과 구원론의 분리는 단지 신학적 방법론적 필연성에 기인할 뿐이다. 왜냐하면 신학적 물음은 본질상 오직 한분 그리스도에게 제기되어야만 하기 때문이다. 이와 같이 총체적 그리스도가 역사적인 예수이며, 그의 사역으로부터 결코 분리할 수 없다. 그분은 질문을 받고, 그분의 역사로 대답하는 것이다. 그러나 그리스도론은 근본적으로 그분의 행동Tun에 대한 물음이 아니라, 그분의 존재Sein에 대한 물음이다. 추상적으로 표현하자면, 그리스도론의 대상은 전체 역사 속에 나타나는 예수 그리스도의 인격적인 존재의 구조이다.

서론

제1부

현존하는 그리스도
—"나를 위한^{Pro me}" 존재

예수는 십자가에 못 박히고 부활하신 분으로서 현존하는 그리스도시다. 이 말이 그리스도론의 첫 번째 진술이다. 여기서 "현존"이라는 말은 시간적 공간적으로 이해할 수 있다. "지금 그리고 여기 Nunc et hic". 그러므로 현존은 인격을 규정하는 말에 속한다. 지금 여기, 이 둘은 교회 개념 안에서 함께 나아간다. 그리스도는 인격으로서 교회에 현존하는 분이다. 이 말이 그리스도론의 두 번째 규정이다. 그리스도가 현존하기 때문에, 우리는 그분에게 질문할 수 있다. 이와 같은 그리스도의 현존이 그리스도론 질문의 전개를 위한 전제이다. 오직 교회 안에서 선포가 이루어지고 성례가 행해지는 까닭에, 우리는 그리스도에 대한 질문을 할 수 있는 것이다. 그러므로 그리스도의 현존을 이해하는 것은 인격에 대한 이해의 문을 열어 준다.

이러한 이해는 두 가지 면에서 심각한 오해를 불러일으켰다.

ⓐ 사람들이 그리스도의 현존을 그분으로부터 나오는 영향력이라 생각하며, 그러한 힘이 교회에 영향을 미치는 것이라고 이해한 것이다. 말하자면 그리스도 자신의 현존이 아니라, 그분의 효과적이고 역사적인 효력으로 이해한 것이다. 여기서 그리스도는 사실상 아주 역동적으로 사고되었다. 그분을 사라지지 않고 계속 전달되는 역사적 에너지라고 생각한 것이다. 여기서 그리스도의 현존은 원인과 효력이라는 범주 안에서 사고되어진다.

ⓑ 사람들이 반복해서 그리스도의 모습을 초역사적으로 관망해 보려고 시도한다는 것이다. 이러한 시도에는 계몽주의와 합리주의가 만들어 낸 그리스도 모습도 있고, 빌헬름 헤르만이 구상한 예수의 내적 삶에 대한 모습도 있다.

이러한 두 가지 숙고는 여러 면에서 공존하는데, 그 대표적인 예가 슐라이어마허라 할 수 있다. 리츨이 첫 번째 견해를 대표한다면, 그의 제자인 헤르만은 두 번째 견해를 견지하고 있다. 그러나 두 견해 모두 그리스도론에 있어 오류 속으로 빠져들기는 마찬가지이다. 여기서 그리스도는 역사적인 영향력으로만 이해되고 있기 때문이다. 그들은 그리스도를 본질상 능력이며, 효력이라고 이해할 뿐, 인격으로 이해하지 않았다. 이러한 능력은 다양하게 사고될 수 있는데, 역사적인 효력의 발생으로 이해되기도 하고, 인간 예수의 새로우면서도 섬광처럼 빛나는 이상적인 모습으로 이해되기도 한다. 이때 역사적인 능력이 시간적인 특성, 즉 지금nunc에 상응하고 있다면, 그리스도 모습으로 사고된 관념적인 능력은 장소적인 특성, 즉 여기hic와 상응한다. 전자가 원인의 범주에서 생각하고 있다면, 후자는 관조의 범주에서 생각하는 것이다.

여기서 그리스도는 근본적으로 인격으로서가 아니라, 비인격적인 능력으로 소개된다. 이러한 사고는 예수의 인격성Persönlichkeit에 관해 말해지는 곳에서도 다르지 않다. 인격성이란 여기서 인격Person에 대해 말하는 의미와는 정반대를 표현한다. 인격성은 예수 그리스도라는 탁월한 인물 안에 집약되어 나타나는 가치의 충만과 조화인 것이다. 인격성은 그 본질 속에 비인격적인 개념을 품고 있다. 인격성은 능력과 가치라는 역사 속에서 출현한다. 이로써 그리스도론 질문은 사라져 버리고 마는 것이다. 그와 반대로 인격은 효력과 모습, 능력과 가치 저편에 있는 것이다. 인격성은 어떻게wie와 무엇was을 묻지만, 인격은 누구wer를 묻는다. 예수가 인격성이나 능력, 가치라면, 그의 존재는 사역 속에서, 그의 인격은 행동 속에서 소진되고 말 것이다. 그러면 사역으로부터 그의 인격을 추론하는 것이 유일하게 남은 가능성이라 하겠다. 그리스도의 현존에 대한 이러한 견해의 배경에는 부활을 인정하지 않으려는 사상이 숨어 있다. 그들은 부활을 무시하고, 단지 십자가를 지신 예수까지만 역사적인 예수로 인정하려고 한다. 이것은 소크라테스나 괴테와 똑같은 존재로 여길 수 있는 죽은 예수 그리스도를 만드는 것이다. 오직 부활하신 그리스도를 인정할 때, 살아 계신 인격의 현존이 가능하며 그리스도론을 위한 전제가 주어진다. 그렇게 될 때 그리스도론은 역사적인 힘이라든지 또는 그리스도의 이상형 안에서 해체되어 버리는 결과에 이르지 않을 수 있다.

루터는 그리스도의 현존 개념을 그리스도의 승천을 근거로 해석하려고 했다. 그리스도가 하나님 우편에 앉아 계심으로 현존하는 분으로 해석할 수 있다는 것이다. "그리스도가 지상에 계실 때는 우리와는 멀리 떨어진 곳에 계셨다. 그분이 먼 곳에 계신 지금, 그분은 우리 가까이 머물고 있다." 이 말은 역사 속에 존재할 뿐만 아니라, 오직 부활하고 승천하신 분만이 현존이 가능하다는 사실을 역설적으로 표현한다. 리츨이나 헤르만은 부활을 옆으로 제쳐 놓았고, 슐라이어마허는 부활을 상징화시켜 버렸다. 그렇게 함으로써 그들은 교회를 파괴하는 결과를 초래하고 말았다. 바울은 말한다. "그리스도께서 다시 살아나신 일이 없으면 너희의 믿음도 헛되고 너희가 여전히 죄 가운데 있을 것이요." 고전 15:17

우리는 여기서 그리스도론의 첫 번째 질문과 마주하게 된다. 그리스도가 능력으로서만이 아니라 그분의 인격 안에서 현존하는 것이라면, 인격의 총체성에 손상을 입히지 않고 이러한 현존을 생각하는 것이 어떻게 가능한가? 현존한다는 것은 같은 시간과 같은 장소에 함께하는 것을 의미한다. 예수 그리스도는 부활하신 분으로서도 여전히 인간 예수로 시간과 공간 안에 머물러 계신다. 오직 예수 그리스도가 인간이기 때문에, 그분은 시공간적으로 현존하실 수 있는 것이다. 또한 예수 그리스도가 하나님이기 때문에, 그분은 영원히 현존하실 수 있는 것이다. 그리스도의 현존은 "예수는 완전한 인간이다"라는 명제를 강제한다. 다른 한편으로는 "예수는 완전한 하나님이다"라는 명제를 강제한다. 교회에서 예수 그리스도가 동시적으로 함께하는 것은 하나님-인간Gott-Mensch의 완전한 인격의 칭호이다. 그러므로 시공간의 제한을 받는 인간 예수가 어떻게 우리와 동시적으로 함께할 수 있느냐는 질문을 제기하는 것은 불가능하다. 예수는 고립되어 있는 존재가 아니기 때문이다. 이와 똑같은 맥락에서, 하나님이 어떻게 시간 속에 존재할 수 있느냐는 질문을 하는 것도 불가능하다. 하나님은 고립되어 있는 존재가 아니기 때문이다. 우리가 제기할 수 있는 의미 있는 질문은 오직 다음과 같다. "**누가** 현존하는 분이며 동시적으로 지금 여기에 함께하는가?" 그 대답은 "인격이신 하나님-인간, 예수 그리스도"가 될 것이다. 만약 하나님이신 예수 그리스도를 동시에 말하지 않는다면, 나는 인간이신 예수 그리스도가 누구신지 알 수 없다. 마찬가지로, 내가 인간이신 예수 그리스도를 동시에 말하지 않는다면, 하나님이신 예수 그리스도를 알 수 없다. 그 둘은 고립될 수 없는데, 그 이유는 고립되어 존재하지 않기 때문이다. 무시간적인 영원 속에 있는 하나님은 하나님이 아니며, 시간의 제한 속에 있는 예수는 예수가 아닌 것이다. 인간 예수 안에 계신 하나님이 하나님이며, 인간 예수 그리스도 안에 하나님께서 현존하는 것이다. 이와 같은 하나님-인간이 그리스도론의 출발점이다.

시공간성은 인간적인 규정일 뿐만 아니라, 하나님-인간의 신적 규정이기도 하다. 이렇게 시공간적으로 현존하는 분, 즉 하나님-인간이 육신의 모양으로(ἐν ὁμοιώματι σαρκός) ^{롬 8:3} 감추어져 있다. 즉, 그리스도의 현존은 감추어진 현존인 것이다. 그러나 하나님이 인간 안에 감추어져 있다는 말이 아니라, 하나님-인간이 온전한 전체로서 이 세상에서 육신의 모양으로 감추어져 있다는 말이다. 다시 말해 은폐의 원리는 시간과 공간에 속한 사람으로서의 존재에 관한 것이 아니라, 시험과 죄 가운데 있는 세상 속의 육신의 모양에 관한 것이다.

이로써 전체 그리스도론 문제가 옮겨 간다. 왜냐하면 그리스도 안에서 고립된 하나님과 고립된 인간의 관계가 문제의 쟁점이 아니라, 앞에서 제시된 하나님-인간과 육신의 모양에 대한 관계가 문제의 쟁점인 것이다. 하나님-인간이신 예수 그리스도는 육신의 모양이라는 모습, 즉 감추어진 모습, 걸림돌Ärgernis(실족케 하는 것—옮긴이)의 모습으로 동시적으로 현존한다. 이것이 그리스도론의 핵심 문제이다.

이미 제시된 하나님-인간이신 예수 그리스도의 현존은 선포라는 걸림돌의 모습으로 존재하면서 우리에게 감추어져 있다. 선포된 그리스도는 실재하는 그리스도를 말한다. 선포는 두 번째 성육신을 의미하지 않는다. 예수 그리스도의 걸림돌은 성육신에 있는 것이 아니다. 그것은 계시라 할 수 있다. 걸림돌은 그분의 낮아짐에 있는 것이다. 그리스도의 인성과 그리스도의 낮아짐은 단연 아주 조심스럽게 구별되어야 한다. 낮아지고 높여진 분으로서의 예수 그리스도가 인간 예수 그리스도이다. 여기서 걸림돌은 오직 낮아진 분으로서의 예수 그리스도인 것이다. 걸림돌 교리는 하나님의 성육신 교리가 아니라, 하나님-인간의 낮아진 지위에 대한 교리에 위치한다. 육신의 모양은 낮아짐에 속하는 것이다. 이것이 우리에게 의미하는 바는, 그리스도의 현존은 부활하고 높여진 분으로서 오직 선포 속에 있다는 말이다. 동시에 이 말은 그리스도의 현존은 새로운 낮아짐의 길에 있다는 뜻이기도 하다. 다시 말해 부활하시고 높여진 분은 선포 속에서 그분의 낮아짐 안에 현존하신다. 이러한 현존은 교회에서 삼중적 모습을 갖게 되는데, 즉 말씀의 모습, 성례의 모습, 공동체의 모습이 그것이다.

그러나 그리스도의 현존이라는 근본 질문에 대한 답은 아직 주어지지 않았다. 이 질문은 이렇게 전개되어서는 안 된다. "인간 예수는 여기에 어떻게 동시적으로 존재할 수 있는가? 또는 하나님이신 그리스도는 여기에 어떻게 동시적으로 존재할 수 있는가?" 현존의 실제는 질문의 대상이 아니다. 여기서 던질 수 있는 질문은 이것이다. "어떤 인격 구조 덕분에 그리스도는 교회에 현존하실 수 있는가?"

이 질문에 대한 답으로 하나님-인간성Gott-Menschlichkeit 덕분이라고 말한다면, 그 대답은 옳은 것이지만 상세한 설명이 부족하다고 하겠다. 그러한 인격 구조를 상세하게 표현하고자 하면, 하나님-인간이신 예수 그리스도의 "나를 위한 구조Pro-me-Struktur"라는 말로 전개할 수 있다. 그리스도는 그분 자신을 위해 존재하는 것이 아니라, 나와의 연관성 속에서 존재하는 것이다. 그리스도 존재Christus-Sein는 나를 위한 존재Pro-me-Sein이다. 이러한 나를 위한 존재는 그리스도에게서 나오는 영향력이나 우연성으로 이해되는 것을 원하지 않으며, 본질로서 이해되기를 원한다. 즉, 그분의 인격 그 자체로 이해되고 싶어 하는 것이다. 인격의 핵심Person-Kern이 그의 존재 자체로서 나를 위한다는 말이다. 그리스도가 나를 위한 존재라는 말은 역사적 진술 또는 존재적 진술이 아니라, 존재론적 진술이라 할 것이다. 다시 말해 그리스도는 결코 즉자적 존재an-sich-Sein로 사고될 수 없으며, 오직 나와의 관계 안에서 사고될 수 있다. 더 나아가 이 말은 그리스도는 오직 실존적인 관계 속에서 사고될 수 있다는 뜻이기도 하다. 다른 말로 표현하자면, 그리스도는 오직 공동체에서만 사고될 수 있다는 말이다. 그리스도는 그 자체로 그리스도가 아니며, 또한 공동체에 계신 그리스도가 아니라, 오직 공동체에서 "나를 위해 현존하는 분"이 그리스도라는 말이다. 루터는 "하나님이 존재한다는 말과 하나님이 너를 위해 존재한다는 말은 전혀 다른 뜻이다"라고 강조한다.WA 23, 152 그리스도 그 자체만을 명상하는 것은 가치가 없을 뿐더러 무신론적이기도 하다. 이러한 사실에서 유추해 보면, 모든 그리스도론의 방어로 귀결되는 『신학 강요』에 나타난 멜란히톤의 방어를 이해할 수 있다. 하나님은 오직 나를 위한 하나님이며, 그리스도는 오직 나를 위한 그리스도라는 명제를 처음부터 시인하고 들어가지 않은 그리스도론은 모두 스스로 자신을 정죄하고 만다. 이러한 전제 조건이 주어진 곳에서 특수 작업에 돌입할 수 있는 것이다. 그러나 신학은 여기서 종종 변질되어 버리곤 했다. 신학은 스콜라적 실체를 계속 작동하여 너를 위한 존재Dir-Sein를 독립적인 현존재Dasein로 만들어 버리거나, 그리스도의 행위와 영향력에만 시선을 돌려 버리는 것이다. 그러나 나를 위한Pro-me 구조에 있어 결정적인 것은 그 구조 안에서 그리스도의 존재와 행위가 똑바로 세워진다는 사실이다. **너를 위한** 현존재**Dir-Dasein**와 너를 위한 **현존재**Dir-Dasein는 함께 보조를 맞추어 나아간다. 이렇게 이해되는 그리스도의 행위와 존재의 통일성 안에서 인격-질문, 즉 "누구 질문"이 바르게 제기될 수 있다. 그분은 자유로운 현존재 안에서 실제로 나와 관계성을 맺어 가는 분이다. 그리고 너를 위한 현존재 안에서 자유롭게 자신의 우연성을 지켜 내는 분이기도 하다. 그분은 나를 위해 존재하는 능력을 가진 분이 아니라, 나를 위해 존재하는 능력이다.

나를 위한 구조는 새 인류와 그리스도의 관계에 있어

다음과 같은 삼중적 의미가 있다.

ⓐ 나를 위한 예수 그리스도는 창시자요, 머리며, 형제 중에 가장 먼저 나신 분이다. 다시 말해 나를 위한 구조는 우선 예수의 역사성과 관련이 있다. 타인을 위한 창시자라는 의미에서 그분은 나를 위해 존재하는 분이다.

ⓑ 형제를 대신하여 서신 예수 그리스도는 형제를 위해 존재하는 분이다. 그리스도는 그분의 새 인류를 위해 하나님 앞에 서 계시며, 형제를 위해 존재한다. 그렇다면 그리스도는 새 인류라고 말할 수 있다. 인류가 서야 할 자리에 그리스도는 나를 위한 구조를 힘입어 대신 서 계신다. 그리스도는 공동체이다. 그리스도는 단지 공동체를 위해 행동하실 뿐만 아니라, 십자가로 가셔서 죄를 담당하고 죽으심으로 그분이 바로 공동체인 것이다. 그러므로 그리스도 안에서 인류는 십자가에 못 박혔고, 죽었으며, 심판을 받은 것이 된다.

ⓒ 그리스도가 새 인류로서 행하시는 것이기 때문에, 인류는 그리스도 안에 있고 그리스도는 인류 안에 있다. 새 인류가 그리스도 안에 있기 때문에, 하나님은 그리스도 안에서 인류에게 은혜를 베푸신다.

이러한 한분이신 인격이자 총체적인 인격으로서, 하나님-인간 예수 그리스도는 그의 나를 위한 구조 안에서 말씀으로서, 성례로서, 그리고 공동체로서 교회에 현존하신다.

현존하는 분으로서 그리스도론을 전개하는 것은, 처음 시작부터 예수가 부활하신 분이며 승천하신 분으로 이해되고 있다는 이점을 가진다. 그러나 행위와 존재의 통일성을 확고히 하는 데에는 어려움이 따른다. 만약 그리스도의 **현존**da에 무게를 둔다면, 그분은 본질적으로 나를 위해서가 아니라 나와는 아무 관계가 없는 존재일 수도 있는가? 아니면 본질적으로 **나를 위해서**mir 계신 분이라면, 그러면 그분은 나의 외부에도 존재하는가? 이런 질문이 제기되는 까닭이다.

I.

그리스도의
모습

1. 말씀으로서의 그리스도

❶ 말씀이신 그리스도는 진리이다. 진리는 오직 말씀 안에, 오직 말씀을 통해 존재한다. 영Geist은 본래 말씀이며 언어Sprache이지, 능력이나 감정, 행위가 아니다. "태초에 말씀이 계시니라. 만물이 그로 말미암아 지은 바 되었으니."요 1:1, 3 오직 말씀을 통해서 영은 능력이 되고 행위가 된다. "하나님의 말씀은⋯좌우에 날선 어떤 검보다도 예리하여⋯쪼개기까지 하며."히 4:12 하나님의 말씀은 파괴하는 번개와 생명이 살아나게 하는 비를 그 속에 품고 있다. 하나님의 말씀으로서 그러한 성질은 파괴하기도 하고 창조하기도 하는 진리인 것이다.

하나님이 말씀이 아닌 다른 방법으로도 계시할 수 있

는가 하는 질문은 자의적인 유희에 불과하다. 물론 하나님은 다른 방법으로 계시할 자유가 있고, 우리가 알지 못하는 길을 가실 자유도 있다. 그러나 하나님은 자신을 말씀 안에서 계시하셨다. 하나님은 말씀 안에서 인간에게 말하기 위해, 자기 자신을 말씀에 붙들어 매셨다. 그러므로 하나님은 이 말씀을 변경할 수 없는 것이다.

❷ 그리스도는 말씀이며, 색깔이나 형태, 기념비가 아니다. 그리스도는 인간을 위해서 말씀으로 존재한다. 인간은 의미를 이해하는 필연성 속에 있는 존재이다. 실존의 의미를 추구한다는 면에서 인간은 다른 동물과 구별된다. 인간이 로고스를 갖고 있기 때문에, 하나님은 로고스 안에서 인간을 만나신다. 이 로고스는 말씀하기도 하며, 말씀 자체이기도 하다. 호모 사피엔스homo sapiens는 말을 하며, 이것이 인간을 호모 사피엔스로 존재하게 하는 것이다. 하나님의 말씀은 분명하고 명백한 의미를 전달한다. 분명함Klarheit과 명백함Eindeutigkeit은 말씀의 본질에 속하며, 말씀은 스스로 해석된다. 이러한 분명함과 명백함이 말씀이 가지는 보편타당성의 근거가 된다. 분명함과 명백함은 하나님 말씀의 본질에 속하며, 신적인 로고

스는 진리와 의미라 할 수 있다.

그리스도 안에서 신적인 로고스는 인간 로고스 안으로 들어갔으며, 이것이 예수 그리스도의 낮아짐이다. 그러나 여기서 깊이 유의해야 할 점은 독일 관념론이 그랬듯이 하나님의 로고스를 인간적인 로고스와 동일시해서는 안 된다는 것이다. 또한 가톨릭에서 볼 수 있듯이 하나님의 로고스를 인간적인 로고스를 통해 유추하려 해서도 안 된다는 것이다. 왜냐하면 그렇게 하는 것은 결국 자기 구원으로 귀결될 것이며, 인간 로고스가 그리스도 로고스를 통해 심판을 피하려고 하는 시도라고 할 수 있기 때문이다.

❸ 하나님의 로고스로서 그리스도는 인간 로고스와 구별될 뿐만 아니라 분리된다. 그리스도는 인간을 향해 말을 거는 살아 계신 모습으로서 말씀이지만, 인간의 말은 관념의 모습 안에 있다. 말을 거는 것Anrede과 관념Idee은 일반적으로 언어의 기본 구조들이다. 그러나 이 둘은 서로를 배제한다. 인간의 사고는 관념으로서 말씀의 형태에 의해 이루어진다. 관념은 자기 자신 속에 근거를 두며, 자기 자신과 관련이 있고, 시간과 공간을 초월하여 유효한 것이다. 오늘 그리스도가 하나님의

I. 그리스도의 모습

말씀이라는 칭함을 받는다면, 그것은 대개 이러한 관념의 이해 속에서 이루어진다. 관념이란 보통 접근 가능한 것이며, 관념은 이미 거기에 있다. 인간은 관념을 자유롭게 선별하여 자신의 것으로 만들 수 있다. 관념으로서 그리스도는 무시간적 진리라고 할 수 있는데, 예수 안에서 구현된 하나님 관념은 모든 사람에게 언제든 접근 가능하다는 의미에서 그렇다.

그러나 말을 걸어오는 말씀은 관념으로서의 말씀과 완전히 대립된다. 관념으로서의 말씀이 본질적으로 자기 자신에게 머물러 있다면, 말을 걸어오는 말씀은 오직 둘 사이에서만 가능한 것이다. 말을 걸 때에는 대답과 책임이 따라오기 마련이다. 이러한 말씀은 시간을 초월하지 않고, 역사 속에서 이루어진다. 이것은 가만히 멈추어 있지 않으며, 언제든 누구에게든 접근 가능한 것도 아니다. 이것은 오직 말을 거는 행위가 있을 때 일어나는 일이다. 말씀은 전적으로 말하는 자의 자유 안에 있다. 그렇기에 말씀은 유일하며 매순간 새롭기만 하다. 말씀은 말을 걸고자 하는 특성으로 인해 사귐Gemeinschaft을 갈망한다. 또한 말을 거는 말씀이 가진 진리의 특성으로 인해, 오직 타인을 진리 안에 세우는 곳에서 그 사귐을 구한다. 여기서 진리란 자기 안에 자신만을 위해 멈추어 있지 않고, 둘 사이에 생겨나는 것이다. 진리는 오직 사귐 속에서 생겨난다. 바로 이 자리가 비로소 말씀의 개념에 대한 온전한 의미에 다다른 곳이라 할 수 있다.

다시 말해 말을 건네신다는 의미에서 말씀으로서의 그리스도는 무시간적인 진리가 아니다. 말씀으로서 그리스도는 구체적인 순간에 개입하여 말씀하는 진리이며, 하나님 앞에 진리로 서서 말을 건네시는 분이다. 말씀으로서 그리스도는 보편적으로 접근 가능한 관념이 아니라, 오직 그분 자신이 스스로 계시하실 때에만 지각할 수 있는 말씀이다. 오직 하늘에 계신 하나님만이 그분이 원하는 때와 장소에서 그리스도를 계시해 주신다.마 16:17

그럴 때 말을 건넨다는 의미를 가진 말씀으로서의 그리스도가 나를 위한 그리스도라고 마침내 말할 수 있다. 그래서 말을 건네시는 말씀으로서의 그리스도 규정은 계시의 우연성을 나타내는 동시에 말씀을 통해 인간에게 매이신다는 사실을 적절하게 표현하는 것이라 할 수 있다.

❹ 이러한 전제 조건에 의해 말을 건네시는 말씀의 내용도 규정된다. 그 내용은 숨겨진 진리를 드러내거나, 새로운 하나님 개념 또는 새로운 도덕론을 전달하는 것이 아니다. 여기서 중요한 것은 하나님이 인격적으로 말을 건넨다는 것이며, 이를 통해 인간을 책임으로 이끌어 들인다는 사실이다. 인간은 있는 모습 그대로 진리 앞에 세워지는 것이다. 그리스도가 말을 건네는 것은 용서하시며 계명을 주시는 행위이다. 이 계명이 옛 계명인지 새 계명인지는 중요하지 않으며, 옛 계명이든 새 계명이든 실제로 주어진다는 사실만이 중요하다. 이와 마찬가지로, 용서가 실제로 일어난다는 사실이 중요하다. 여기서 계명이 주어지고 용서가 이루어지는 것은, 하나님의 말씀이 그리스도의 인격이기 때문에 가능하다.

❺ 말씀과 인격의 관계는 여러 가지로 생각될 수 있다. 그리스도의 인격은 관념의 담지자로 생각될 수도 있고, 예언자로 생각될 수도 있다. 그래서 하나님께서는 이들을 통해 말씀하신다. 하나님은 말씀Wort을 **말하지만**sagen, 하나님이 말씀은 **아니다**ist nicht. 여기서 중요한 것은 그분의 인격이 아니라, 그분의 사명이다. 그러나 그리스도를 이렇게 이해하는 것은 신약

성경에 모순된다고 할 수 있다. 왜냐하면 신약성경에서 그리스도는 자신에 대해 이렇게 말씀하고 있기 때문이다. "내가 곧 길이요 진리요 생명이니ist."요 14:6 이 말씀은 단연 하나님 계시의 유일한 가능성으로서, 그의 인격 속에 말씀을 담고 있는 것이 아니라, 그분이 바로 말씀이심을 증거한다. 그분은 하나님의 아들로서 말씀 자체인 것이다.

❻   그리스도는 교회의 "말씀 **안에서**" 현존할 뿐 아니라, 교회의 "말씀**으로서도**" 현존하신다. 다시 말해 설교의 선포된 말씀으로 현존한다. 그리스도를 말씀으로부터 분리하는 것은, 설령 그렇게 할 수 있다 하더라도 말씀 **안에서는** 불가능하다. 그리스도의 현존은 설교로서의 현존이다. 설교 안에서 낮아지고 높여진 분으로서 전인격적인 그리스도가 현존한다. 그리스도의 현존은 교회의 능력이나 객관적인 영에 의해서 나오는 선포가 아니라, 설교로서의 현존이다. 그렇지 않다면, 설교는 종교개혁이 부여한 독점적인 위치를 잃어버릴 것이다. 그러나 설교의 이러한 탁월한 위치는 가장 단순한 설교에도 부여된다. 설교는 우리 교회의 부요함이자 빈곤이기도 하다. 설교는 우리가 매여 있고 의지할 수 있는 현존하는 그리스도

의 모습이다. 설교 속에 그리스도가 전인격적으로 존재하는 것이 아니라면, 교회는 무너지고 말 것이다. 설교 속에서 하나님의 말씀과 인간의 말은 서로 배척하는 관계에 있는 것이 아니다. 설교에서 인간의 말은 하나님 말씀의 겉모양이 아니라, 하나님의 말씀이 실제로 인간이 하는 말의 낮아짐 속으로 들어간 것이다. 설교에서 인간의 말은 하나님 스스로 인간의 말에 매임으로, 즉 하나님의 자유로운 매임을 통해 하나님의 말씀이 되는 것이다. 루터는 다음과 같이 말한다. "당신은 이 사람을 가리켜 이분이 바로 하나님이라고 말해야 한다." 이 문장을 바꾸어 보면 이렇다. 우리는 이 사람의 말을 가리키며, 이 말씀이 바로 하나님의 말씀이라고 말해야만 한다. 이 두 문장은 사실 동일한 문장이라 할 수 있다. 하나님이신 인간 예수를 가리키지 않고는 인간의 말을 가리킬 수 없기 때문이다.

그리스도는 교회에서 음악이나 예술이 아닌, 선포된 말씀으로 현존하신다. 그리스도는 심판과 용서의 선포된 말씀으로 현존하시는 것이다. 여기서 두 가지 똑같이 강조해서 말해야 할 것이 있다면, 그것은 다음과 같다. 나는 내가 **하나님의 말씀**Gottes Wort을 말한다는 사실을 알지 못하고서는 설교할 수 없을 것이며, **내가** 하나님의 말씀을 말할 수 없다는 사실을 모르고서는 설교할 수 없을 것이다. 다시 말해 "내가" 하나님의 말씀을 말해야 하는 것이라면, 나는 설교할 수 없을 것이라는 말이다. 여기서 인간적인 불가능성과 하나님의 약속이 하나가 되는 것이다.

2. 성례로서의 그리스도

여기서 이중적인 것을 말해야만 하겠다. 그리스도는 전적으로 말씀이며, 성례를 통해서도 전적으로 말씀의 현존이 이루어진다. 그러나 다른 한 편으로 성례는 말씀과 구별되며, 교회에서 성례만이 가지는 특별한 존재 이유가 있다는 사실이다.

❶ 성례는 하나님의 말씀이다. 그 이유는 성례가 복음을 선포하고 있기 때문이다. 성례는 신비로운 비밀 의식이 아니며 말 없는 침묵 속에서 행해지는 상징적 행위가 아니라, 말씀을 통해서 거룩해지고 해석되어지는 의식이다. "죄의 용서"라는 약속이 성례를 성례이게 하며, 그것이 분명한 계시이다. 성

레에서 선포된 말씀을 믿는 자는 성례 전체를 자신의 것으로 소유하게 된다.

❷ 성례에서 말씀은 육신이 되신 말씀이다. 성례는 "말씀"을 대리하는 것이 아니다. 단지 현존하지 않는 것만이 대리되어질 수 있다. 그러나 말씀은 현재한다. 하나님이 이름을 지어 명명하신 물과 빵, 포도주라는 요소들에 의해 성례가 이루어진다. 하나님의 말씀이 물과 빵, 포도주라는 이름으로 말을 하셨기 때문에, 이들은 성례에서 몸의 모습을 입게 되는 것이다. 이것은 하나님이 이름을 불러 주심으로, 비로소 피조물이 피조물이 된 것과 같은 이치라 할 수 있다. 설교 말씀은 로고스가 인간 로고스에게로 다가가는 모습이다. 성례는 로고스가 인간의 본성에 다가가는 모습이다. 여기서 대상이 무엇인가를 통해 비로소 이름이 주어지는 것이라고 주장한다면, 철학적인 개념의 실재론과는 차이가 있음을 주의해야 할 것이다. 타락한 피조물은 더 이상 처음의 창조하는 말씀의 피조물이 아니다. 인간의 "나"는 더 이상 하나님이 이름을 불러 주신 "나"가 아니며, 민족은 더 이상 하나님이 이름을 불러 주신 민족이 아니며, 역사는 더 이상 하나님이 이름을 불러 주신 그

역사가 아니다. 사람들은 피조물 안에서 더는 창조의 말씀을 볼 수 없다. 이로써 말씀과 피조물의 연속성은 상실되고 말았다. 그러므로 전체 창조는 더 이상 성례가 아니다. 성례는 오직 하나님이 피조물의 세계 한가운데서 그분의 특별한 말씀으로 구성 요소에 말을 건네시며 명명하시고 거룩하게 하는 곳에서만 존재한다.

마찬가지로, 하나님이 빵과 포도주라는 구성 요소를 그분의 말씀으로 거룩하게 하시고 의미를 부여하심으로 성례가 된다. 이 말씀이 바로 예수 그리스도이시다. 예수 그리스도로 인하여 성례는 의미를 갖게 되고 거룩하게 된다. 하나님은 말씀이신 예수 그리스도를 통해, 이러한 요소의 성례에 그분 자신을 결부하셨다. 말씀이신 예수 그리스도는 성례에서 전인격적으로 현존하는 것이며, 그분의 신성만으로 현존하는 것도, 또는 그분의 인성만으로 현존하는 것도 아니다.

❸ 성례에서 예수 그리스도 역시 하나님에 의해 선포되는 말씀이라는 주장은 옳다. 그러나 그리스도를 교리doctrina로 제한하려는 시도에 맞서, 즉 일반적인 진리 속으로 증발시켜 버리려는 시도에 맞서, 교회는 그리스도의 성례 모습을 강조한

다. 그리스도는 교리나 또는 관념일 뿐만 아니라, 자연과 역사일 수도 있다. 그러나 자연과 역사에서 도달할 수 없는 것이 하나님의 옷Kleid이다. 모든 육체적인 것, 모든 자연과 역사가 성례가 될 수 있도록 정해진 것은 아니다. 그러한 의미에서 자연은 그리스도를 상징하지 않는다. 그리스도의 현존은 설교와 성례의 모습에 한정되어 있는 것이다.

그러면 왜 이것만 성례가 되는가? 개신교 교의학에서는 이러한 성례들이 예수에 의해 제정된 것들이기 때문이라고 말한다. 이러한 주장은 역사주의적인 의미에서 이해되어서는 안 된다. 예수에 의해 제정되었다는 것은 높임을 받으시고 현존하시는 그리스도가 그의 공동체에 주신 것이라고 이해해야 한다. 그리스도가 현존하는 성례의 수는 오직 높임을 받으신 주님께서 제정하신 것이라는 데서 근거를 찾아야 한다. 다시 말해 이러한 의미에서 순수하게 실증주의적이어야 한다. 이러한 제한 속에서 성례는 다른 것에 대한 상징으로 존재하는 것이 아니라, 성례가 바로 하나님의 말씀이다. 성례는 어떤 것을 **의미**하는 것이 아니라, 성례가 바로 그 어떤 것**이다**.

❹　성례란 육신이 없는 하나님의 말씀이 육체의 모습이라

는 옷 속에 감추어진 것이 아니다. 그리하여 사람들이 성례를 제2의 성육신으로 고찰할 수 있는 것이 아니라, 인간이 되신 분, 육신을 입으신 분이 성례 속에 걸림돌의 모습으로 존재하는 것이다. 성례는 하나님의 성육신이 아니라, 하나님-인간의 낮아짐의 행위이다. 이전에 이미 말한 바 있지만 그리스도론에서 다루고자 하는 것은, 신성과 인성의 일치 가능성에 대한 질문이 아니라 현존하는 하나님-인간이 그의 낮아짐 속에 감추어져 있다는 사실이다. 하나님은 육체 안에서 계시되었으나, 걸림돌 안에 감추어져 있다. 따라서 성례 안에 계시는 그리스도의 현존에 대한 질문은 그리스도의 인성과 신성에 대한 질문으로 제기되고 분석되어서는 안 되며, 오직 낮아짐 또는 걸림돌의 모습 안에 있는 하나님-인간의 현존에 대한 질문으로 해석되어야 한다.

❺   개신교 신학에는 잘못된 질문으로 인해 생긴 오해의 미로가 존재한다. 이 질문은 한편으로는 성례에서 그리스도가 인성으로 현존할 가능성과 관련되어 있고, 다른 한편으로는 그리스도의 현존재와 그리스도의 나를 위한 존재의 연관성과 관련되어 있다. 그리스도는 자신이 인간으로서 교회에

현존하기를 원한다고 성만찬을 제정하는 말씀에서 직접 언급하셨다. 루터에 의하면 이 말씀은 절대 흔들어 동요시킬 수 없다. 이 말은 그리스도의 사역이 우리에게 도움을 주려면 인간 그리스도가 현존해야 한다는 인식에서 나온 것이다. 인간 예수 그리스도가 동시적으로 현존하고 계신다는 사실에 모든 것이 달려 있다. 그래서 루터는 전체 복음이 예수가 성만찬 제도를 제정한 말씀에 달려 있다고 말한 것이다.

  그러나 이러한 견해는 예수 그리스도가 승천하신 분이라는 사실을 주지시킴으로 논박의 대상이 되었다. 개혁파 교회에서 바로 이러한 일이 일어났는데, 그들은 하나님의 우편에 앉아 계신 분이 성만찬에서 현존하는 것이 어떻게 가능한지에 대해 의문을 제기했다. 루터는 이에 대해 조롱하면서 자신의 의견을 피력했다. 사람들이 하나님을 상상하면서 마치 새장에 갇힌 새처럼 공간 안에 가두어 두어서는 안 된다고 말한 것이다.WA 23, 158 개혁파 교회는 성례에서 그리스도가 로고스 인격으로서 몸 밖에 존재한다며 논박했다. 그리스도는 육신을 입은 몸으로 출현하는 것이 아니라, 밖에 머물러 계신다는 주장이다. 이러한 밖 칼뱅주의Extra-Calvinisticum(1620년경 루터파와의 논쟁에서 인간 본성을 지닌 그리스도의 제한성을 거부하며 말씀이 되신 그리스도는 인간 본성 밖에서도 존재함을 주장했다―옮긴이)는 "어떻게 질문"의 결과라 할 수 있다. 하지만, 루터파 신학에서도 이러한 질문이 제기되는 것은 허용하고 있다. 루터는 이러한 개혁파 교회의 질문에 대해 편재론Ubiquitätslehre으로 응수했다. 예수의 몸은 하나님-인간의 몸으로서 신성과 소통하는 가운데 신적인 속성을 받아들인다는 것이다. 이러한 예수 그리스도의 몸은 공간에 매여 있지 않으며, 어디서나 동시적으로 영광의 모습으로 현존한다는 것이다. 부활하신 몸은 어디에나 현존하므로, 그리스도의 인성 역시 성만찬에 함께한다는 것이다.

루터는 그리스도의 현존하는 방식에 대해 세 가지 상이한 방법을 제시했다.

ⓐ 장소적localiter 또는 외연적으로circumscriptive: 어느 한 장소에 존재하는 방법인데, 이는 지상에서 예수 그리스도의 몸이 장소를 옮겨 다니던 것과 같다.WA 26, 337

ⓑ 무제한적으로diffinitive: 어느 한 장소에 존재하는 방법인데, 이는 천사와 마귀가 어디에나 있을 수 있지만, 어느

일정한 장소에 머물러 있는 것과 같다.WA 26, 328

ⓒ 포괄적으로repletive: 어느 한 장소에 존재하는 방법인데, 어디에나 존재하면서도 그 어느 곳에서도 측정 가능하거나 그곳에 포함될 수는 없다.WA 26, 329

루터에 의하면, 예수 그리스도는 세 번째 묘사한 바와 같이 ⓒ와 같은 방법으로 현존하는데, 어디에나 계시지만 구체적으로 붙들 수는 없다는 것이다. 그리스도는 자루 안에 들어 있는 지푸라기처럼 빵 안에 계신 것이 아니며, 이러한 **안에**라는 말은 신학적으로 사고되어야만 한다. 그리스도는 오직 그분의 말씀 안에서 자신을 계시하는 곳에만 현존하는 분이다. 루터는 말하기를, "중요한 것은 오직 계시뿐이다. 그리스도는 어디에나 계신다. 그러나 그리스도가 너에게 자신을 보여주지 않고 말씀을 통해 빵을 해석해 주지 않는다면, 그분을 손으로 만질 수 없다. 그리스도가 너에게 자신을 계시해 주시기를 원치 않는다면, 성만찬에서 그분을 누릴 수 없다."WA 19, 492; 23, 151 루터가 말한 것처럼 그리스도는 바스락거리는 나뭇잎 속에 계실 수도 있지만, 그곳에서는 **너에게** 현존하는 것이 아니다. 다시 말해 그리스도는 계시하지 않으셨다는 말이다.

이러한 진술들은 그리스도론적으로 어떤 의미가 있는가? 그리스도론은 여기서 실제로 성만찬적 그리스도론이 되었다. 즉, 그리스도론이 성만찬을 기초로 사고하게 되었다는 말이다. 그러나 루터는 "어떻게" 질문에 대해서도 대답을 내놓았다. 그리스도가 어떻게 현존하느냐는 질문에 대해 루터는 두 가지 상이한 교리로 답하였다.

ⓐ 편재론Ubiquitätslehre: 그리스도가 어디에나 계시는 분이라는 교리.

ⓑ 임의적 현존론Ubivolipräsenzlehre: 그리스도는 오직 그분이 너에게 현존하기를 원하는 곳에서만 너를 위해 존재한다는 교리.

그러나 두 이론 모두 불가능한 형이상학적 실체화 Hypostasierung에 불과하다. 둘 다 실제 요소를 고립시키고 하나의 체계로 만들어 버린 것이다. 첫 번째 진술도 두 번째 진술도 사실 정황에는 부합되지 않는다. 그리스도를 어디에나 계시는 분으로만 생각한다면, 그분의 인격적인 면을 간과해 버릴 수 있다. 그리스도의 현존이 "원하는 곳에서 일하신다"(ubi vult, in actu)는 형식 안에 갇혀 버린다면, 그리스도의 현존은 실존 방법이 아닌 인격의 우연성으로 이해될 것이다. 그러나 그리스도의 현존과 너에게 현존하는 그리스도는 동시에 다루어져야만 한다. 편재론은 계시 밖의 그리스도를 가리킨다. 그리하여 편재론에서는 계시가 이미 존재하는 실체의 우연성이 되는 것이다. 임의적 현존론은 그리스도의 현존하심을 가리키긴 하지만, 그 현존을 인격의 본래적 규정으로서가 아닌 함께하리라고 하신 예수의 말씀과 결부된 하나의 약속으로서 가르친다. 두 이론에서 나를 위한 그리스도의 현존이 그리스도의 실존 방식이라고 이해되지 않고 있다는 사실에 주목해야 한다. 두 이론은 신학적으로 불충분한 이론인 것이다. 왜냐하면 편재론과 임의적 현존론 둘 다 높임을 받으시고 낮아진 분의 인격, 즉 하나님-인간의 현존을 제대로 표현해 내지 못하고 있기 때문이다. 두 이론은 "어떻게 질문"에 답하고는 있으나, 필연적으로 관념의 난제들 속으로 이끌고 만다. 두 이론은 루터의 토양 위에서 제기된 개혁파 교회의 질문에서 나온 필연적 결론이며, 후대 루터파 신학에 혼란을 초래하는 결과를 낳았다. 그럼에도 불구하고 이러한 개념의 난제들은 슐라이어마허 신학의 이성에만 충실한 단순화보다는 더 나은 것이라 할 수 있고, 사실에 기초하고 있다는 강점이 있다. 슐라이어마허 신학에서는 사실적 내용을 "어떻게 질문"에 끼워 맞추었다.

❻　성례 속에서 현존하는 그리스도는 "어떻게 질문"으로 대답할 수 없다. 성례에 현존하는 분은 **누구**신가? 오직 이런 질문이 가능할 뿐이다. 그리고 전인격으로서의 하나님-인간이 그분의 낮아짐과 높여짐 속에 현존한다고 대답해야 할 것이다. 그리스도는 실존론적으로 성례 속에 현존하는 방법으로 존재한다. 그분이 성례에 함께하는 것은 다른 여러 가지 속성들과 나란히 존재하는 어떤 특별한 속성이 아니라, 그리스도는 그렇게 교회 안에 실존하신다. 낮아짐은 그리스도의 하나님-인간 실체의 우연성이 아니라, 그분의 실존인 것이다. 그리스도의 실존은 스스로 낮아진 실존인 것이다. 성례-그리스도와 설교-그리스도는 별개로 존재하는가? 성례에 함께하는 분은 말씀으로 함께하는 분과 구별되는가? 아니다. 그분은 심판하는 분인 동시에 용서하는 분으로서 동일한 그리스도이며, 여기에서나 저기에서나 말씀으로 존재하는 분이다. 말씀 속에서 그리스도는 우리 인간의 로고스를 사용하며, 성례

I. 그리스도의 모습

에서 그리스도는 우리 육체를 입으시고 만질 수 있는 본성의 영역에서 현존하는 것이다. 그리스도는 성례에서 피조물로서 우리 옆에 계시며, 형제 옆에 서 있는 형제로서 우리 한가운데 계신다. 그분은 피조물이지만, 새로운 피조물인 것이다. 성례 안에서 그리스도는 어느 일정 부분 타락한 창조의 돌파를 이루어 낸다. 그분은 새로운 피조물이다. 그분은 우리의 영적-육체적 실존이 회복된 창조이다.

    그리스도는 빵과 포도주가 되신 하나님의 말씀이다. 그리스도는 새로운 피조물로서 빵과 포도주 안에 계신다. 그래서 빵과 포도주는 새로운 창조인 것이다. 그래서 빵과 포도주는 새로운 존재의 참된 양식인 것이다. 회복된 창조의 요소로서 빵과 포도주는 단연 스스로를 위해서가 아니라, 인간을 위해서 존재한다. 이러한 인간을 위한 존재가 빵과 포도주의 새로운 피조물로서의 존재 이유인 것이다.

    성례에 현존하는 그리스도는 새로운 자연의 창조자인 동시에 피조물로 존재한다. 그리스도는 우리의 창조자로 현존하며, 우리를 새로운 피조물로 빚으신다. 그러나 그리스도는 성례에서 다른 방법이 아니라, 낮아진 피조물로 존재하신다. 낮아진 피조물로 존재하는 것이 바로 그분이 현존하는 방식인 것이다.

    이것이 **어떻게** 가능하냐는 질문은 그렇게 하시는 분이 **누구**신지에 대한 질문으로 바뀌어야 한다. 그리고 그 대답은 역사적으로 사셨고, 십자가에 못 박히셨으며, 부활하고 승천하신 나사렛 예수, 하나님-인간, 형제와 주님으로서, 피조물과 창조자로서 계시하는 분이라고 해야 할 것이다.

3. 공동체로서의 그리스도

그리스도가 말씀으로서 그리고 말씀 안에, 성례로서 그리고 성례 안에 현존하는 것처럼, 그리스도는 공동체로서 그리고 공동체 안에 현존하신다. 말씀과 성례에서 그리스도의 현존은 마치 모습에 대한 실재의 관계처럼 공동체에 현존하신다. 그리스도는 그분의 나를 위한 존재에 의하여 공동체가 되는 것이다. 승천과 재림 사이의 공동체는 그리스도의 모습이며, 그것도 유일한 모습이라 할 수 있다. 그리스도가 하늘에서 하나님 우편에 앉아 계신 것은 이러한 사실과 모순되는 것이 아니며, 오히려 반대로 공동체 안에서 그리고 공동체로서 그분의 현존을 비로소 가능하게 하는 것이라는 사실을 주목해야 한다.

말씀으로서 그리스도는 또한 공동체이기도 하다는 말은 무엇을 의미하는가? 이 말은 하나님의 로고스가 공동체 안에 그리고 공동체로서 시공간적인 범위를 가진다는 뜻이다. 말씀이신 그리스도는 영적으로나 육적으로 현존하신다. 로고스는 단지 인간의 교리, 교리라는 연약한 말씀일 뿐 아니라, 강력한 창조주의 말씀이기도 한다. 로고스는 말씀하며, 이러한 말씀으로 공동체의 모습을 일구어 나간다. 말하자면, 공동체는 계시의 말씀을 받드는 존재일 뿐 아니라, 공동체 스스로가 계시이며 하나님의 말씀이기도 하다. 오직 공동체 스스로가 하나님의 말씀이 되는 경우에만, 공동체는 하나님의 말씀을 이해할 수 있다. 계시는 오직 계시를 근거로 이해할 수 있는 것이다. 공동체가 말씀을 받드는 수신자인 경우에 한하여, 말씀은 공동체 **안에** 있다. 그러나 말씀은 그 자체로 공동체이기도 하다는 것인데, 공동체 자체가 계시이며 말씀이 피조된 몸의 모습을 가지기를 원하는 한 그러하다. **성례**로서 그리스도는 또한 공동체이기도 하다는 말은 무엇을 의미하는가? 성례이신 그리스도는 공동체 안에 그리고 공동체로서 현존하신다는 말이다. 성례는 그 안에 이미 말씀을 넘어 육신의 모습을 가지고 있다. 공동체는 그리스도의 몸**이다**. 여기서 몸이란 단지 모습을 뜻하지 않는다. 공동체는 그리스도의 몸**이며**, 단순히 그리스도의 몸을 **의미하는** 것이 아니다. 공동체는 실제로 그리스도의 몸이다. 몸의 개념을 공동체에 적용시킨 것은 단지 공동체 지체들과 관련한 기능적인 면을 말하는 것이 아니라, 낮아지고 높임을 받으신 현존하는 분의 존재 방식에 대한 포괄적이며 핵심적인 개념이다.

공동체로서 존재하는 그리스도는 낮아지고 높임을 받으신 전인격으로서 존재하는 분이다. 공동체로서 그분의 존재는 말씀과 성례로서 걸림돌의 모습과 같다. 걸림돌의 모습으로 존재하는 공동체가 공동체인 이상, 공동체는 더 이상 죄 안에 있지 않는다. 그러나 공동체는 옛 아담의 세상에 머물러 있으며, 육신의 모양 ὁμοίωμα σαρχός 안에 있고, 그런 까닭에 공동체는 여전히 죄의 에온 Äon(시대, 영원—옮긴이) 아래 있다. 인간적으로 보면 공동체는 회개 안에 머물러 있는 것이다. 여기서

요한일서를 참고하길 바란다.

그리스도는 공동체의 머리일 뿐만 아니라, 그리스도 자신이 바로 공동체이다. 고린도전서 제12장과 에베소서를 참고하길 바란다. 그리스도는 머리이며 개별 지체이기도 하다. 머리와 지체들 사이의 분리는 에베소서에서 비로소 나타나고 있다. 머리와 지체의 분리는 근본적으로 바울 사상과 맥락을 같이하지 않는다. 머리는 주님을 의미한다. 그러나 두 진술이 서로 모순되는 것은 아니다.

II.

그리스도의 자리

우리가 그리스도의 자리에 대해서 묻는다면, 그것은 "누구-구조Wer-Struktur" 안에서 "어디-구조Wo-Struktur"를 묻는 것이라 할 수 있다. 이렇게 함으로써 우리는 인격 구조 안에 머물러 있는 것이다. 그리스도가 그분의 교회에 인격으로서 시공간 안에 현존하신다는 사실에 모든 것이 달려 있다. 이러한 구조가 우연이나 우발적인 것이 아니라 존재론적으로 제시될 수 있다면, 부활하신 분이 인격으로 실존하는 방식이 시공간적이라는 사실을 신학적으로 실증하는 것이다.

그분은 어디에 계시는가? 그분은 나를 위해 서 계신다. 그분은 내가 서 있어야 할 자리에 나 대신 서 계신다. 내가 그곳에 설 수 없기 때문에, 그분이 거기에 서 계신다. 다시 말해 그분은 내 실존의 한계선에, 내 실존 너머에 나를 대신하여 서 계시는 것이다. 이것은 내가 나 자신의 힘으로는 뛰어넘을 수 없는 한계로 인해 본래의 나로부터 분리되어 있다는 사실을 표현한 것이다. 그 한계는 나와 나 사이에, 즉 나의 옛 자아와 새 자아 사이에 놓여 있다. 이러한 한계와의 만남에서 나는 심판을 받는다. 나 혼자서는 이 자리에 도저히 설 수 없다. 바로 그 자리에 그리스도가 서 계시는 것이다. 그리스도는 나와 나 사이의 중심에, 옛 존재와 새로운 존재의 중심에 서 계신다. 그래서 그리스도는 나 자신의 경계인 동시에, 나의 재발견된 중심, 나와 나, 나와 하나님 사이의 중심이다. 한계로서 그 한계는 오직 한계의 피안에서만 인식되어질 수 있다. 그리스도 안에서 인간은 한계를 인식하며, 그와 동시에 자신의 새로운 중심을 재발견하는 것이다.

그리스도 인격의 본질은 시공간적으로 중심에 존재한다는 것이다. 말씀과 성례, 공동체 안에 현존하시는 분은 인간 실존의 중심에 계시며, 역사와 자연의 중심에 계신다. 중심에 존재하는 것In-der-Mitte-Sein은 그의 인격 구조에 속한다. 어디Wo에 대한 질문이 다시 누구Wer에 대한 질문으로 되돌아가면, 그리스도는 나를 위해 존재하는 분으로서 중보자Mittler라는 대답

제1부
현존하는 그리스도—"나를 위한" 존재

이 주어진다. 이것이 바로 그분의 본질이며, 그분의 존재 방식이다.

그분이 중심에 존재한다는 것은 삼중적인 의미를 가진다.

ⓐ 인간을 위한 현존재(의 중심에―옮긴이)
ⓑ 역사를 위한 현존재(의 중심에―옮긴이)
ⓒ 자연을 위한 현존재(의 중심에―옮긴이)

1. 인간 실존 중심으로서의 그리스도

그리스도가 우리 실존의 중심이라는 말은 그분이 우리 인격의 중심이라는 뜻이 아니며, 우리 사고의 중심이라거나 우리 감성의 중심이라는 뜻도 아니다. 그분이 우리 의식 바깥에 계시거나, 심지어 그리스도인의 경건이 우리 실존 변두리로 밀려나 있는 곳에 계시더라도, 그리스도는 우리의 중심이다. 이 진술은 심리학적인 진술이 아니라, 존재론적·신학적 성격의 진술이라 할 수 있다. 이 진술은 우리 인격성과 관련된 것이 아니라, 하나님 앞에서 우리의 인격 존재와 관련된 말이다. 인격의 중심은 발견할 수 있는 것이 아니다. 그리스도가 우리의 중심이라는 진술의 정당성은 찾아서 입증할 수 있는 것이 아니다. 왜냐하면 여기서 다루는 것은 신앙을 가진 인격의 공간 안에서의 신앙의 중심이기 때문이다.

그러나 타락한 세상에서 중심은 동시에 한계가 된다. 인간은 율법과 완성 사이에 있다. 인간은 율법을 가지고 있지만, 이 율법을 완성할 수는 없다. 인간이 율법 앞에서 실패한 바로 그곳에, 이제 그리스도가 서 계신다. 중심으로서의 그리스도가 의미하는 바는, 그분이 바로 완성된 율법이라는 사실이다. 그래서 그리스도는 다시 인간의 한계이자 심판이 된다. 그러나 또한 인간의 새로운 실존의 시작이자, 중심이 된다. 그리스도가 인간 실존의 중심이라는 말은, 그분이 바로 인간의 심판이며 칭의이심을 의미하는 것이다.

2. 역사 중심으로서의 그리스도

그리스도가 역사의 중심이라는 사실에 대해 철학적 근거를 제시하려는 모든 시도는 거부되어야만 한다. 여기서 중요한 것은 그리스도를 종교사나 세상사의 완성이자 중심으로 증명하는 데 있지 않기 때문이다. 또한 여기서 다루고자 하는 문제의 핵심이 역사 공간에서 발견할 수 있는 중심에 관한 것도 아니기 때문이다. 그리스도가 모든 종교의 절정임을 증명한다 하더라도, 그분의 중심이 되심과는 아무 상관이 없다. 다른 상대적인 현상과의 비교나 그러한 비교에서 나온 역사의 중심 되신 그리스도에 대한 "증명"은, 아무리 좋은 결과라 할지라도 그리스도에 대한 상대적인 절대성을 산출할 뿐이다. 그리스도의 절대성에 대한 모든 질문은 질문 자체가 잘못된 것이다. 상대적인 위대성과의 비교나 상대적인 질문에 대한 증명은 절대성이라는 결과로 끝나지 않는다. 절대성에 대한 질문은 자유주의적이고 이성주의적이며, 그러한 질문은 여기서 뜻하는 질문 자체를 불사르고 만다. 그러므로 역사의 중심이며 한계로서의 그리스도에 대한 질문은 다르게 제기되어야만 하는 것이다.

역사는 약속과 성취 사이에서 살고 있다. 역사는 하나님의 백성이 되리라는 약속을 자신 속에 품고 있다. 이 약속은 하나님의 탄생, 메시아에 대한 약속이다. 이러한 약속은 역사 도처에 살아 숨 쉬고 있다. 역사는 이러한 기대를 인하여 살며, 이러한 약속의 성취로 나아간다. 역사의 의미는 다름 아닌 메시아의 도래인 것이다. 그러나 역사는 각 개인이 율법 아래 있는 것처럼 약속 아래 있다. 이 말은 역사는 약속을 스스로 성취할 수 없다는 뜻이다. 약속은 죄로 인해 변질되고 말았다. 인간은 죄로 인해 단지 변질된 상태로만 율법을 가질 수밖에 없다. 마찬가지로 역사도 약속을 단지 변질된 상태로만 자신 옆에 둘 수밖에 없는 것이다. 역사는 "성취된 시간erfüllte Zeit"이라는 변질된 약속에 의해, 자신의 카이로스καιρός(시간, 때―옮긴이)에 의해 살아간다. 역사는 항상 자신의 중심을 자명하게 해야 하는 것이다. 역사는 자기 고유의 메시아 안에서 스스로 영화롭게 하려는 상황에 처하고 마는 것이다. 역사의 중심으로서 메시아라는 개념은 역사철학적으로 경의를 표할 만한 구상이다. 그러나 이러한 약속은 성취될 수 없다. 역사는 변질된 메시아 약속을 성취하는 것이 불가능하다는 사실로 인해 괴로워한다. 역사는 메시아적 확실성에 관해 잘 알고 있지만, 바로 이러한 메시아적 확실성에 부딪혀 실패하는 것이다.

오직 한 장소에서만 이러한 사고의 틀이 깨어지고, 변

질된 메시아사상의 흐름에 역행하고 있다. 그곳에서는 메시아가 명백하게 눈으로 볼 수 있는 역사의 중심이 아니라, 하나님에 의해 제정되고 감추어진 역사의 중심이어야만 한다는 사실이 드러난다. 그 장소는 바로 이스라엘 안에 있다. 이스라엘은 예언자적 소망을 가지고 다른 많은 민족들 가운데 홀로 서 있다. 그리고 이스라엘은 하나님이 약속을 성취하는 장소가 되는 것이다.

　　이러한 성취된 약속은 어떤 것으로도 증명할 수 없으며, 오직 선포할 수 있을 뿐이다. 이것은 메시아이신 그리스도가 역사에 나타난 메시아적 기대를 파괴하는 동시에 성취한다는 사실을 말해 주는 것이다. 여기서 파괴한다는 것은 메시아가 눈으로 볼 수 있도록 오시는 것이 아니며, 메시아적 성취가 은밀하게 이루어진다는 점에서 그렇다. 그리고 성취한다는 것은 하나님이 실제로 역사 속으로 들어오셨으며, 고대하며 기다리던 자들과 지금 여기에 진실로 함께하신다는 점에서 그러하다. 역사의 의미는 십자가에서 결말을 낸 한 인간의 깊음과 은밀성 안에서 일어난 사건에 의해 삼키운 바 되었다. 역사의 의미는 낮아진 그리스도 안에서 생겨나는 것이다.

이로써 역사의 다른 모든 요구는 심판을 받았고 해결되었다. 여기서 역사는 고유한 약속과 더불어 한계에 이르게 된다. 역사는 본질상 종말을 맞이한 것이다. 그러나 이러한 한계 설정과 함께 그리스도는 동시에 다시 중심이 되며 성취가 되는 것이다. 한계로서의 역사가 하나님 앞에 서야 할 그 자리에 그리스도가 서 계시는 것이다. 그리스도는 역사에 대해서도 나를 위하는 분으로 서신다. 그분은 또한 역사의 중보자도 되시는 것이다.

십자가와 부활 사건 이후 그리스도는 교회에 현존하시기 때문에, 교회 역시 역사의 중심으로 이해되어야만 한다. 교회는 국가에 의해서 만들어진 역사의 중심이다. 다시 말하지만, 여기서 역사의 중심이라 함은 은밀하게 감추어진 것이지 국가라는 공간 안에서 눈으로 발견할 수 있는 것은 아니다. 교회가 중심으로서의 자기 존재를 입증하기 위해서 자신을 눈에 보이는 국가의 중심 위치에 둔다거나, 이른바 국가교회가 되어야 하는 것이 아니다. 국가 안에서 교회의 지위를 보증해 주는 것은 국가라는 공간 안에서의 눈에 보이는 지위가 아니다. 교회는 은밀한 가운데 국가의 의미와 약속이 되며, 본질상 국가를 심판하기도 하고 정당성을 인정해 주기도 하는 성격이 있다. 국가의 본질이 법과 질서를 세우고 창출하는 행위를 통해, 백성들로 하여금 성취에 이르도록 하는 데 있는 까닭이다. 그렇다면 국가가 질서를 세우고 창출해야 한다는 사상 속에는 메시아적 요구가 살아 숨 쉬고 있다고 볼 수 있다.

그래서 교회가 국가의 중심이라는 말은, 또한 교회가 국가의 한계라는 말도 된다. 그 이유는 교회가 그리스도의 십자가와 함께 모든 인간적인 질서의 돌파를 선포해야만 하기 때문이다. 교회가 십자가에서 율법의 완성을 인식하고 믿듯이, 교회는 십자가 안에서 국가 질서의 성취를 믿는다. 교회는 이러한 십자가 인식을 선포함으로 국가가 행하고 지켜야 할 새로운 법을 세우는 것이 아니라, 하나님이 역사 안으로 들어오셔서 역사 속에서 죽으심으로 국가 질서의 궁극적 돌파가 이루어지고 파기되었음을 선포하는 동시에 국가 질서가 긍정되고 성취되었음을 선포하는 것이다.

이로써 십자가 사건 이후 국가와 교회의 관계는 새로운 국면에 들어섰다는 결론에 이르게 된다. 결국 교회가 존재한 후에야 비로소 국가는 본래적 의미에서 존재하게 된 것이라고 볼 수 있다. 국가는 자신의 본래적인 근원을 교회가 존재한 이후로 교회와 함께 찾을 수 있는데, 십자가로서 질서를 돌파하고 성취하며 긍정한다는 면에서 그러하다.

이로써 다음과 같은 결론에 이르게 된다. 그리스도는 교회와 국가라는 이중적인 형태로 우리와 현존하신다. 그러나 그리스도는 우리가 그분을 말씀과 성례, 공동체로 받아들일 때에만 우리와 현존하시는 것이다. 그리고 우리는 십자가를 따라 국가를 그리스도로부터 바라보아야만 한다. 그래서 루터는 말하기를, "국가는 왼손을 가진 하나님의 나라"라고 한 것이다.WA 36, 385, 6-9; WA 52, 26, 20-26 그리스도가 지상에 계시는 동안에는 그분이 하나님 나라였다. 그리스도가 십자가에 달리셨을 때, 하나님 나라는 하나님의 오른쪽과 왼쪽으로 찢겨졌다. 이제 그분의 모습은 오직 교회와 국가라는 이중적 형태 속에서만 인식될 수 있다. 그러나 완전한 그리스도는 교회에 현존하신다. 그리고 교회는 국가의 은밀한 중심이다. 국가가 이러한 교회의 중심에 관해 알 필요는 없다. 그러나 국가는 사실 교회라는 중심으로 인하여 그 명맥을 유지하는 것이며, 실제로 중심으로서의 교회 없이는 존재하지 못한다.

역사의 중심으로서 그리스도는 교회라는 형태 속에서 국가와 하나님 사이의 중보자가 되신다. 마찬가지로 역사의 중심으로서의 그리스도는 교회와 하나님 사이의 중보자이기도 하다. 왜냐하면 오직 교회만이 역사의 중심이 될 수 있기 때문에, 그리스도는 또한 교회의 중심이기도 한 까닭이다.

3. 하나님과 자연 간 중심으로서의 그리스도

지금까지 개신교 신학에서는 이러한 질문에 대해 별로 주의를 기울이지 않은 것이 사실이다.

그리스도는 **바로 그** 새로운 피조물이다. 그리스도가 새로운 피조물이라는 사실로 그리스도는 다른 모든 피조물을 옛 피조물로 설정한다. 자연은 하나님이 아담의 경작지에 내리신 저주 아래 있다. 자연은 본래 하나님의 말씀을 자유롭게 선포하기 위해 창조된 하나님의 말씀이었다. 그러나 타락한 피조물로서 자연은 지금 말 못하게 되었고, 인간의 죄 아래 노예가 되고 말았다. 자연은 역사와 마찬가지로 자신의 존재 의미와 자유를 상실한 채 고통받고 있다. 자연은 새로운 자유를 간절하게 고대한다. 자연은 인간이나 역사처럼 화해하는 것이 아니라, 새로운 자유로 해방되고 구속되어야 하는 것이다. 결국, 스스로 자유로워지고자 하고, 인간 위에 자신의 힘을 과시하고자 하며, 스스로의 힘으로 새로운 피조물이 되려 하고, 스스로 새롭게 창조하고자 하는 자연의 둔감한 의지가 자연의 재앙이라 할 수 있을 것이다.

교회의 성례에서 옛 피조물은 예속된 상태에서 해방되어 새로운 자유에 이른다. 그리스도는 인간 실존과 역사의 중심으로서 미완성에 그친 율법의 성취이다. 즉, 인간 실존과 역사의 화해이다. 그러나 자연은 죄 아래 있는 것이 아니라, 저주 아래 있다. 자연은 자유를 누리지 못하는 상태인 것이다. 그러므로 자연은 자연의 중심으로서의 그리스도 안에서 화해를 이루어야 하는 것이 아니라, 구속을 얻어야 하는 것이다. 그리스도 안에서 일어나는 이러한 구속은 거듭 반복하여 말하지만, 찾을 수 없고, 증명할 수 없으며, 다만 선포되어질 뿐이다. 예속된 자연이 소망으로 인하여 구속된 사실을 선포하는 것이다. 이를 위해 거기에는 하나의 표식이 세워지게 되는데, 이 표식은 성례에서 옛 피조물의 요소가 새 피조물의 요소가 되었다는 것이다. 성례에서 자연은 말 못하는 상태에서 해방되어 믿는 자들에게 하나님의 새로운 창조의 말씀을 즉각적으로 선포한다. 예속된 자연은 창조의 말씀을 직접 우리에게 말하지는 못하나, 성례를 통해 말하는 것이다. 성례에서 그리스도는 자연과 하나님의 중보자로서, 모든 피조물을 대신하여 하나님 앞에 서 계신다.

마지막으로 요약하여 강조해야만 할 것은 이러하다. 그리스도는 인간 실존의 중심이며 역사의 중심으로서, 이제 자연의 중심이기도 하다는 것이다. 그러나 이러한 세 가지 측면은 단지 추상적으로만 서로 분리될 수 있다. 사실 인간 실존은 언제나 역사이기도 하며, 또한 언제나 자연이기도 한 것이다. 이 모든 것이 율법의 완성이자 창조물의 해방자로서의 중보자가 전 인류의 실존을 위해 존재한다는 것을 의미한다. 나를 위해 대언하는 분intercessor과 나를 위해서 존재하는 분은 동일한 분이며, 정확히 말해서 옛 세상의 종말인 동시에 새로운 하나님 세상의 시작을 의미하기도 한다.

제2부

역사적 그리스도

I.

역사적 그리스도

서론

우리가 지금까지 언급한 현존하는 그리스도는 역사적인 그리스도를 말한다. 여기서 역사적인 그리스도는 인류 역사상 존재했던 나사렛 예수를 일컫는 말이다. 그렇지 않다면, 사도 바울이 이미 말한 바와 같이 우리의 신앙은 헛되며 하나의 환상에 불과한 것이 되고 말 것이다. 그리고 교회는 그 실체를 빼앗기게 될 것이다. 소위 역사적인 예수를 현존하는 그리스도에게서 분리하거나, 역으로 현존하는 그리스도를 역사적인 예수에게서 분리하는 것은 허구임을 이해해야 한다.

    공관복음서의 예수를 바울 서신의 그리스도와 구별하려는 자유주의 신학의 시도는 교의학적으로 불가능할 뿐 아니라 역사적으로도 불가능하다. 교의학적으로 불가능한 이유는 무엇인가? 예수와 그리스도의 분리가 가능하다면, 교회의 선포는 환상에 불과할 것이기 때문이다.

그리고 역사적으로도 이러한 분리는 불가능하다. 1900년까지 자유주의 신학은 교의학적으로 반드시 필요한 이 논제를 간접적이며 의도하지 않은 상태에서, 더욱더 강력하게 인정했다고 할 수 있다. 자유주의 신학의 귀결은 자신의 파멸이었다. 자유주의 신학은 스스로 폐기되고 말았으며, 예수와 그리스도가 동일한 분이라는 전통적인 명제에 자리를 내주어야 했다.

왜냐하면 자유주의 신학의 성패는 전적으로 예수와 그리스도를 분리할 수 있느냐 없느냐에 달려 있다고 할 수 있기 때문이다. 자유주의 신학에 있어 그리스도는 공동체에 의해 열광적으로 신격화된 예수를 의미한다. 그의 존재 속에 계신 예수, 그의 인격 속에 계신 그리스도가 아니라, 다른 사람들에게 영향을 행사하는 그분의 영향력 속에 계신 예수가 그리스도인 것이다. 자유주의 신학은 그의 존재 속에 계신 예수와 공동체의 판단 속에 계신 예수를 엄격하게 구별해야 한다는 생각을 가지고 있었다. 그래서 예수의 생애에 대해 연구하였다. 이러한 학문적 연구는 역사적 예수의 외피를 벗겨 내는 작업을 하였고, 그리스도로서의 예수를 올무에 빠뜨리고자 하였다. 그러나 그것은 불가능한 일이었다. 학문적인 연구 결과는 이러한 기대와는 전혀 달랐던 것이다. 그리스도와 예수를 분리하려고 했던 시도는 자유주의 신학 자체를 파멸에 이르게 한 것이다. 예수의 생애를 역사적으로 믿을 수 있도록 기술하는 것은 가능하지 않았다. 브레데와 슈바이처의 책이 나왔다(브레데,『소위 신약 신학의 과제와 방법*Über Aufgabe und Methode der Sogenannten neutestamentlichen Theologie*』, 슈바이처, 『예수 생애 연구사*Die Geschichte der Leben Jesu Forschung*』). 슈바이처가 도달한 결론은, 역사적인 예수를 탐구하는 것은 불가능하다는 것이었다. 브레데는 예수 생애를 연구하는 의미에 있어 역사적인 예수는 상상할 수 없다는 사실을 분명히 했다. 왜냐하면 공관복음서 기자들도 이미 "공동체의 신앙"을 전제로 썼다는 사실을 인식했기 때문이다. 주 그리스도 신앙Kyrios-Christus-Glauben을 뒤로하고는 돌아올 수 없는 것이다.

자유주의 신학의 종말은 다음과 같은 이중적 의미를 가진다.

ⓐ 부정적 의미: 예수가 그리스도와는 다른 분이라는

그들 고유의 전제가 사실상 파괴되었다.

ⓑ 긍정적 의미: 예수가 이미 선포되어 온 주 그리스도라는 전제를 진지하게 받아들이게 되면, 이제부터 신약성경은 **역사적으로** 아주 사소하게 해석되어질 수 있다.

여기에는 두 가지 출구가 열려 있다. 우선, 역사적인 차원에 머무르면서 주-그리스도-숭배Kyrios-Christus-Kultus를 다른 유사한 숭배 쪽으로 밀쳐놓는 방법이 있다. 그리고 다른 하나는 역사적 차원에서 교의학적 연구를 하는 방향으로 넘어가도록 하는 방법이 있다. 역사적 연구의 결과는 예수를 그리스도와 분리할 수 없다는 것이다. 오직 아버지만 어떤 역할을 하는 예수 종교와 그리스도 숭배를 서로 맞은편에 두는 것은 불가능하다. 이것은 이러한 사상으로부터 나온 신학을 불가능한 것으로 만들었다. 교의학과 역사적 연구는 처음부터 적대적인 것으로 보였기 때문에 이러한 귀결은 더욱더 놀라운 일이었다. 자유주의 신학이 종말을 고하는 시점인 브레데에 이르러 역사와 교의학 사이에는 새로운 제휴가 이루어졌다. 역사는 교의학의 전제 조건을 신약성경에서 새롭게 발견해 낸 것이다. 즉, 현존하는 그리스도와 역사적인 그리스도, 선포된 예수와 역사적인 예수는 동일한 분이라는 사실이다.

마틴 캘러는 1892년에 쓴 그의 책인『소위 역사적 예수와 역사적 성경적 그리스도*Der sogenannte historische Jesus und der geschchtliche biblische Christus*』에서 두 가지를 제시한다.

ⓐ 예수의 생애 연구는 잘못된 길이라는 것.

ⓑ 선포된 그리스도는 역사적인 그리스도라는 것.

이로써 교의학은 훗날 역사신학이 인정했던 사실을 말한 것이다. 이제 예수의 신적인 영향력에 관심의 초점을 두는 것이 아니라, 예수 그리스도의 신성을 이해하고자 하는 교의학적인 관심이 압도적으로 우세한 시대가 도래한 것이다.

그러나 훗날 어느 시점에 이르러 역사 비평이 다시 교의학적 진술에 의문을 제기한다면 어떻게 되는가? 그리하여 어쩌면 교의학적 진술을 불가능하게 만들어 버린다면 어떻게 되는가? 그러면 교의학적 진술은 그들이 얻은 결과를 다시 변경해야만 하지 않을까? 어떤 점에서 교의학적 진술은 역사적인 확증에 의존하고 있는가? 여기에 대해 두 가지 사실을 말할 수 있다.

ⓐ 교의학이 예수 그리스도의 역사성에 대한 확신을

필요로 한다는 것이다. 다시 말해 설교된 그리스도가 역사적 그리스도와 동일한 분이라는 사실이 중요한 것이다.

ⓑ 어떻게 교의학이 이러한 역사성을 확신하게 되는지에 대한 질문을 제기할 수 있다는 것이다.

역사는 교의학적 진술을 떠받쳐 줄 수 있는가? 예수의 역사적 모습에 접근할 수 있는 길은 오직 역사를 통해서만 가능한 것인가? 그러면 역사는 거룩한 역사historia sacra로서 조망되어야만 했을 것이다. 그러나 이 말은 경험적으로도 신학적으로도 바람직하지 않은 말이다. 아니면 예수 그리스도에게 접근할 수 있는 간접적이고 비역사적인 길이 있는 것일까? 이 질문을 다르게 표현한다면, 교회는 어떻게 역사적 사실을 절대적인 방법으로 확신하게 되는가?

그 대답은 개별적 사실을 절대적인 사실로 간주하지 않아야 한다는 것이다. 이것은 역사 연구의 본질에 속하는 것이기도 하다. 결코 모든 것이 개체에 의존하고 있지는 않다. 모든 개별적 사실들은 우연적인 것을 포함하고 있다. 개별적 사실들의 절대적 필연성은 증명될 수 없다. 이제 예수의 삶과 죽음이라는 역사적으로 우연한 사실이 교회에는 근본적이고 절대적인 의미이다. 예수가 실제로 사신 적이 없다면, 교회는 저주 아래 있을 것이다. 예수가 실제로 사셨다는 사실에 대한 확신이 없다면, 교회는 종말을 고할 것이다. 나는 어떻게 "예수 그리스도"를 역사적인 사실로 확신할 수 있는가? 여기서 역사적인 연구와 방법으로 답을 하는 것은 버거울 것이다. 이 질문에 대해서는 이렇게 답할 수 있을 것이다.

ⓐ 역사적인 연구는 결코 절대적으로 부정할 수 없는데, 그 이유는 역사적인 연구는 결코 절대적으로 긍정할 수 없기 때문이다. 절대적인 부정 및 절대적인 긍정 둘 다 거룩한 역사를 만든다. 그래서 역사적인 연구는 예수 그리스도의 실존에 대해서도 결코 절대적으로 부정할 수 없다. 역사적인 연구는 단지 예수 그리스도의 실존을 문제 삼거나 허구로 만들 수 있을 뿐이다. 예수 그리스도는 그들에게 우연한 현현의 대상으로 남아 있으며, 예수의 역사성을 필연적이고 절대적인 확신을 가지고 긍정할 수도 부정할 수도 없게 되는 것이다. 역사 연구가 교의학적 진술들을 절대적인 권위를 가지고 불가능한 것으로 만들 수는 없다.

ⓑ 역사적 사실에 대한 절대적 확신은 그 자체로는 결

코 획득되어질 수 없다. 절대적 확신이란 역설로 남아 있다. 그럼에도 불구하고 교회에서는 이러한 확신이 본질적인 구성 요소가 된다. 이것은 교회에서 역사적 사실이란 과거가 아니라 현재임을 의미하는 것이다. 또한 우연적인 것이 바로 절대적인 것이며, 지나간 과거의 것이 바로 현재적인 것이고, 역사적인 것이 동시대적인 것이라는 의미를 가진다.키르케고르 오직 이러한 모순을 감내하는 곳에서만, 역사적인 것이 절대적인 것이 될 수 있다. 그러나 숨겨진 것이 드러나며 역사적인 것이 동시대적이 된다는 말은, 자신을 동시적으로 드러내는 곳에서만 가능하다. 다시 말해 오직 예수의 부활 안에 있는 하나님의 기적에 대한 믿음 안에서만 가능한 것이다.

말하자면, 역사를 근거로 절대성으로 나아갈 수 있는 길은 없다. 역사를 출발점으로 해서 믿음의 절대적 근거를 찾을 수는 없다. 그렇다면 어디에서 믿음은 우연한 것을 필연적인 것으로 인식할 수 있는 충분한 근거를 갖게 되는 것일까? 그것은 교회가 역사적인 분으로 증언하는 부활하신 그분 자신의 증거가 있을 뿐이다. 교회 안에 계신 부활하신 분의 현존이라는 기적으로 말미암아, 당시 역사적으로 사셨던 그분이

지금 여기에서 직접 자신을 증언해 주시는 것이다.

역사적인 예수에게 역사적으로 접근하는 것이 신앙을 위해 꼭 필요한 것은 아니다. 역사적인 확신은 예수와 하나가 되는 것이 아니다. 이러한 역사적 확신이 과거 모습과의 다른 모든 만남 이상의 것을 의미하는 것도 아니다. 우리가 "그리스도와 함께하는 시간"은 괴테와 함께하는 시간과 똑같은 의미일 수도 있다. 그러나 여기서 다루고자 하는 것은 어떤 역사적 모습과의 신비적인 하나됨에 관한 것이 아니라, 자기 자신을 증언하는 인격에 관한 것이라는 사실이 중요하다. 또한 빌헬름 헤르만이 말한 것처럼, 당황하며 뉘우친 양심이 내적 삶에서 예수와의 만남을 발견하게 되고, 이러한 만남을 통해 역사적 예수의 모습에 관한 확신에 이르게 되는 것도 아니다. 그런 것이 아니라, 부활하신 분이 직접 믿음을 만들어 내며, 그리하여 역사적인 분으로서 그분에게로 가는 길을 알려 주시는 것이다. 바로 여기서부터 신앙은 역사의 확증을 더는 필요로 하지 않는다. 현재 주어지는 그리스도의 자기 증거 앞에서 역사의 확증은 하찮은 것이 되고 만다. 역사는 신앙 속에서 영원에 의해 인식되는 것이지, 자기 내면에서 인식되거나 자기 스스로의 힘으로 인식되는 것이 아니다. 이것이 바로 역사로 향하는 신앙의 직접적인 길이다.

우리는 이렇게 함으로써 모든 광신주의자들에게 문을 활짝 열어 놓은 것은 아닌지 의문을 갖게 된다. 그러나 이러한 의문에 대해서는 그렇지 않다고 대답할 수 있다. 왜냐하면 예수 그리스도의 증언은 다름 아닌 성경에 의해 우리에게 전승되었기 때문이다. 그리고 예수의 증언은 성경 말씀을 통하지 않고서는 그 어떤 길로도 우리에게 올 수 없기 때문이다. 우리가 살고 있는 세속적인 현실 영역에서, 우리는 그 무엇보다 우선적으로 성경이라는 책과 함께 씨름해야 한다. 우리는 이 책 중의 책을 모든 인간적인 수단을 동원하여 읽어야 한다. 이 책은 읽혀지고 해석되어져야만 한다. 이 책은 역사적 철학적 비판의 모든 수단을 동원하여 읽혀지길 원하는 것이다. 우리 믿는 사람도 냉철하며 사실적으로 이 책을 읽어야만 한다. 우리가 발을 딛고 서 있는 땅은 대단히 척박하다. 예를 들어, 철학적 역사적 연구를 통해 결코 예수에 의해 그렇게 말해지지 않았다고 믿어지는 말씀을 설교해야만 하는 난감한 경우도 있을 것이다. 우리는 성경 해석에 있어 기이할 정도로 살얼음판

위를 걷는 듯한 상황에 처해 있다. 그러므로 결코 한 가지 논점을 고집하지 말고, 한 곳에서 다른 곳으로 전체 성경 속에서 계속 움직여 나가야만 한다. 이는 마치 얼음덩어리로 뒤덮여 있는 강물을 건너고자 할 때, 하나의 얼음판 위에 멈춰 서 있어서는 안 되며 한 곳에서 다른 곳으로 뛰어 넘어가야만 가능한 것과도 같다.투르나이젠

역사에 의해 명백하게 그 진정성이 부정된 말씀을 설교하는 일은 분명 어려울 것이다. 그러나 축자영감설은 부활에 대한 조악한 임시 대용품에 불과하다. 축자영감설은 부활하신 그리스도의 유일한 현존을 부인하는 것을 의미한다. 축자영감설은 역사를 하나님의 영원하심에 기초하여 바라보고 인식하는 대신, 역사를 불멸의 것으로 만들어 버렸다. 축자영감설은 깨어지기 쉬운 땅을 고르게 하려는 시도 속에서 실패하는 것이다. 그러나 성경은 언제나 책 중의 책으로 남아 있다. 그러므로 우리는 은폐된 역사 속으로 들어가서 기꺼이 역사 비평의 길마저도 감내할 준비가 되어 있어야 할 것이다. 그러나 이렇게 깨어지기 쉬운 성경 전체를 통해 부활하신 분은 우리와 만나신다. 우리는 역사 비평이라는 곤경 속으로 들어

가야만 하는 것이다. 역사 비평의 중요성이 절대적이지는 않지만, 그렇다고 무시해 버릴 수도 없기 때문이다. 사실 역사 비평은 믿음을 약하게 만드는 것이 아니라, 믿음을 더욱 강건하게 하는 역할을 할 수 있다. 왜냐하면 역사성으로의 은폐는 그리스도의 낮아짐에 속한 것이기 때문이다.

말하자면, 예수 그리스도의 역사성은 역사와 신앙이라는 이중적인 측면 아래 놓여 있다. 그리고 이러한 두 가지 측면은 서로 밀접하게 연결되어 있다. 역사적 예수는 자기 자신을 낮추셨으며, 역사적으로 파악하기 어려운 예수는 부활 신앙의 대상이라는 면에서 그렇다.

다음에 연구할 과제는 부활하신 주님의 역사적 모습을 고찰하는 것이다. 옛 교회는 역사적인 예수 그리스도와 함께 시작했지만, 현존하시며 부활하신 그리스도를 등한시하고 말았다. 그 이유는 교회가 그것을 너무 자명한 것으로 받아들였기 때문이다. 그러나 우리에게 이러한 전제 조건은 사라져 버리고 말았다. 이러한 이유로 여기서 가장 먼저 다루게 될 주제는 그리스도의 현존에 관한 것이다.

II.

비판적 그리스도론 또는
부정적 그리스도론

여기서 다루고자 하는 주제는 그리스도론의 한 부분으로서, 이를 통해 그리스도 인격의 불가해함이 납득될 수 있도록 하려는 목적이 있다. 그러나 여기서 납득된다는 것은 불가해한 것을 그대로 남겨 둔 채 이루어져야만 한다. 납득 가능한 것은 불가해한 것이 불가해한 채로 존재할 수 있도록 하는 데 도움이 되어야 한다. 불가해한 것이 납득될 수 있는 어떤 것으로 변형될 수는 없으며, 오히려 그러한 변형의 모든 시도에 대해 단호하게 방어하는 것이 중요하다. 비판적 그리스도론kritische Christologie은 납득할 수 없는 것을 그대로 둔 채, 연구하는 대상의 공간을 열어 보이려는 목적이 있다. 그래서 이러한 그리스도론은 비판적으로 되는 것이 당연한데, 그리스도에 대한 모든 진술을 이러한 비판적 한계를 지향하는 가운데 검증하기 때문이다. 비판적 그리스도론의 결과들은 부정적인 성격을 띠는데, 그 이유는 비판적 그리스도론이 그리스도에 대해 말해서는 **안 되는** 것이 무엇인지에 대해 이미 경계를 정해 놓은 상태에서 관용의 범위를 확정하려고 하기 때문이다.

이런 과정을 거친 후에야 긍정적 그리스도론positive Christologie이 전개될 수 있다. 그러나 긍정적 그리스도론은 반복해서 비판적 그리스도론에 굴복하는 전철을 밟아 왔다. 역사적으로 공의회는 항상 부정적이며 경계를 설정한 그리스도론을 채택하는 경향이 있다는 사실을 알 수 있다. 이에 반하여 긍정적 그리스도론에 대한 조항들은 몇몇 개별 신학자들에 의해 그 명맥이 이어졌다. 그리고 공의회는 이러한 긍정적 그리스도론 연구에 대해 비판적인 경계 설정을 하였다. 그들의 성과는 비판적 신학에 담긴 내용이다. 긍정적 신학은 때마다 더 예리하게 그 경계를 규정하는 일을 수행한 것이다. 그러나 공의회가 거듭되면서 긍정적 그리스도론을 연구하는 사람들이 점차 수면 위로 떠오르기 시작했다. 비판적 그리스도론은 공교회의 문제이며, 그들이 있어야 할 자리는 공의회에서 부여받은 교도권에서 발견된다. 긍정적 그리스도론은 사실상 교회의 선포를 통해 지속적으로 이루어지고 있으며, 그들이 있어야 할 자리는 설교와 성례 안에서 발견된다. 옛 교회의 경계 설정은 우리 시대에 와서 이러한 경계가 얼마나 중요한지에 대한 진정한 의미가 드러나고 있다.

    비판적 그리스도론이 경계를 정하는 일을 중요하게 다루고 있다면, 그것은 바로 이단 개념을 규정하는 일을 하고 있다는 것을 의미한다. 오늘날 우리는 이단 개념에 대해 잊어버리고 말았는데, 그 이유는 공의회의 교리청이 더 이상 존재하지 않기 때문이다. 그것은 엄청난 타락이며 몰락이라고 하지 않을 수 없다. 오늘날의 에큐메니즘(기독교의 교파와 교회를 초월하여 하나로 통합하려는 세계 교회주의 및 그 운동—옮긴이)의 공의회는 이전의 공의회들과는 전혀 다르다. 그 이유는 이단이라는 낱말을 공의회의 용어 사전에서 아예 삭제해 버렸기 때문이다. 그러나 어떤 것이 그리스도 편에서 볼 때 옳거나 그르다는 말을 하지 않고서는 신앙고백을 할 수 없다. 그러므로 이단 개념은 고백교회에서 포기할 수 없는 필연적 요소에 속한다. 신앙을 고백하는 교회의 교리는 이단 교리와는 반대편에 서 있어야만 하는 것이다. 아우크스부르크 신앙고백은 "교회가 정죄한다"고 단호하게 말하였다.

이와 동시에 주목해야 할 것이 있다면, 이단 개념이 교회의 형제 사랑에 기초한 것이지 무자비한 냉랭함에 기인하는 것이 아니라는 사실이다. 오직 타인이 진리로 나아오는 것을 가로막지 않을 때에만, 그를 진정 형제로 대하는 것이라고 말할 수 있다. 반대로 내가 그에게 진리를 말해 주지 않는다는 것은 그를 이방인으로 간주하고 있다는 뜻이 된다. 내가 나와는 생각이 다른 사람에게 진리를 말할 때만이, 내가 그에게 빚진 사랑을 이루는 것이다.

1. 가현설 이단(자유주의 신학)

가현설 이단은 예수 그리스도를 역사 속에 나타난 신성의 현현顯現으로 이해하는 가운데 그리스도의 성육신을 설명하고자 하는 시도이다. 그리스도의 인성은 옷과 허울이며, 하나님이 인간과 대화하기 위해 사용하신 수단이라고 보는 이론이다. 그러나 실체의 본질에 속한 것은 아니라고 보는 것이다. "인간 예수는 하나님의 투시화"라고 보는 것이 가현설 이단을 짤막한 문구로 설명해 주는 말이다. 가현설 이단은 그리스도교만큼이나 오래된 것이며, 오늘날에 이르기까지 그 명맥을 이어오고 있다. 가현설 이단은 다음의 이중적 동기에서 그들이 필요로 하는 힘을 얻는다.

ⓐ 추상적인 하나님 이념에서 나온 것이다. 이것은 인간으로부터 눈을 돌릴 수 있고, 본질상 독립적인 하나님에 관한 교리이다. 사람이 이미 초역사적이며 절대적인 이념으로서 진리를 알고 있다고 하는 것이 이들의 주장이다. 하나님을 이렇게 관념으로 생각한다면, 그리스도는 이러한 관념의 현현으로 이해되어야만 한다. 그러면 그리스도는 개별적 존재로 이해될 수 없다. 가현설 이단은 그리스도 안에서 인간적인 것을 간과해야만 한다. 하나님이 인간을 만나기를 원하시면, 관념의 세계에서 현상의 세계로 들어오기만 하면 되는 것이다. 하나님의 현현에서 어떤 모습을 입는가 하는 것은 중요한 핵심에서 비본질적으로 남는다. 이러한 사고는 관념과 현상이라는 그리스적 반정립 이론에 원천을 두고 있다. 이 세상에서 나타나는 현상은 관념의 세계에 존재하는 것에 대해 비본질적이라는 사상이다. 가현설 이단은 그리스 사상에서 나온

II. 비판적 그리스도론 또는
부정적 그리스도론

전형적인 이단이라 할 수 있다. 그리스 사상은 일반적으로 이방 사상으로 간주할 수 있다. 이러한 사상은 적대자를 가지는데, 그것이 바로 유대 사상이다. 유대 사상에는 가현설 사상에서 볼 수 있는 전제인 관념과 현상이라는 개념의 쌍이 존재하지 않는다. 그러므로 유대 사상에는 가현설이 설 자리가 없는 것이다. 그러한 이유로 가현설 대신 그 자리에는 에비온파 이단이 생겨났다고 할 수 있다.

ⓑ 가현설 이단에는 구속Erlösung에 대해 특정한 사고가 저변에 깔려 있다. 고대 교회는 인간의 본성Natur이 그리스도를 통해 속량되어야 한다고 말했다. 개별 인간은 그의 개인성 Individualität 안에서 타락한 존재라는 것이다. 셸링의 말을 빌리자면, 개인성은 곧 죄라는 말이 된다. 개인성에 사로잡힌 상태에서 자신의 본질로 회귀하는 것이 인간의 숙명이다. 그 본질 Wesen은 모든 인간에게 공통적인 것이다. 구속이란 개인성에서 해방되어 본질로 회귀하는 것이라 하겠다. 여기서 본질은 본성과 똑같은 말이다. 이러한 구속은 전 인류의 통일성과 근원성을 다시 회복시켜 준다. "인간이여, 본질적으로 되라."안겔루스 질레지우스 이로써 질레지우스는 고대 교회에서 이미 말했고, 후

대에 와서는 관념론이 말했던 것과 똑같은 것을 말하고 있다. 이제 성경에서 그리스도의 성육신에 관해 말한다면, 그것은 가현설의 전제 조건 하에 하나님이 인간의 본질과 본성을 받아들였다는 의미를 가지는 것이다. 다시 말해 인간을 그의 개인성과 함께 전부 받아들이신 것이 아니라는 말이 된다. 하나님은 인간의 본질만을 받아들이는 가운데, 개인성이라는 죄에서 이끌어 내어, 인간의 근원적 본질로 구속하신다는 말이다. 그러나 여기서 한 가지 의문이 제기된다. 하나님이 인간의 개인성을 도외시한 상태에서 인간의 "본성"을 받아들인 것이라면, 어떻게 온전한 성육신에 관해서 말할 수 있을 것인가? 그러나 이렇게 인간의 개인성을 도외시하는 이유는 하나님이 개체 인간으로서 죄 가운데 빠져드는 상황이 되어서는 안 되며, 그리하여 구속 사역을 불가능하게 만들어 버리는 결과를 초래해서는 안 된다는 데 강조점을 두기 때문이다.

여기서 **라오디게아의 아폴리나리스**의 교리가 등장한다. 그는 고대 교회의 재기 넘치는 지식인 가운데 한 사람으로서, 고대 교회에서 아주 큰 영향력을 행사한 교의학자였다. 그는 로고스는 육Sarx과 혼Psyche을 아울러 인간 본성을 받아들인 것이지만, 이성Nous을 받아들인 것은 아니라고 가르쳤다. 여기서 이성이란 인간을 개별적 존재이게 하고, 고유의 정신적 개성을 가진 인격이 되게 해주는 것이라고 이해할 수 있다. 예수에게서 이러한 이성을 없애고, 로고스가 이성의 자리를 대신하도록 한 것이다. 이로써 하나님의 온전한 성육신은 일어나지 않은 것이 되어 버린다. 이것이 **가현**δοκεῖν이다. 그러나 사람들은 정교한 가현설을 금방 식별해 낼 수 있었고, 아폴리나리스의 교리는 이단으로 정죄되었다. 왜냐하면 가현설은 성육신이 완전하지 않았다고 주장함으로, 성육신이 아예 일어나지도 않은 것처럼 만들어 구속 역사 자체에 의문을 제기하는 결과를 초래했기 때문이다. 그로 인해 고대 교회는 성육신하신 분이 육과 혼뿐만 아니라, 이성도 받아들였다는 사실을 인정해야 한다는 사실을 분명히 인식하게 되었다. 그러나 이러한 확신에도 불구하고, 개별적 인격이 어떻게 하나님일 수 있는지에 대한 문제는 여전히 남아 있었다. 인간 예수가 이성을 가진 개체 인격으로 이해된다면, 어떻게 그리스도 안에서 인격의 통일성을 온전히 보존할 수 있는가? 성육신하신 분 안에 한분 예수**와** 한분 그리스도가 존재하는가? 고대 정통 교회는 그리스도론의 토의 과정에서 그리스도 안에 있는 이성을 인정해야만 했다. 그럼에도 불구하고, 예수가 그의 본질로만 이해되지 않고 타락한 개인의 인격으로 이해되어질 수도 있다는 생각이 고대 정통 교회를 괴롭혔다. 그래서 이 문제의 해결 방안을 모색하긴 했으나, 결국 해결책을 찾지 못하고 옆으로 밀쳐놓고 말았다. 성육신은 혼과 육, 이성이 함께 어우러져서 일어난 것이라고 가르쳤으나, 예수를 고유한 신적 본성의 실체라고 받아들이지는 못했던 것이다. 예수의 고유한 실존 방식을 받아들인 것이 아니라, 하나님의 실존이 그와 합일한 것이라고 본 것이다. 이것이 엔히포스타시스Enhypostasis(본질 안에, "아들은 아버지와 본질에서 같다"는 니케아 신경의 고백과 관련해, 예수의 인간성은 신적 로고스 안에 있다는 주장을 가리키는 용어―옮긴이) 교리의 가르침이었다. 자기 고유의 실체를 가졌다면 하나님과 인간은 다시금 서로 분리되고 말았을 것이라는 가르침이다. 그러므로 예수의 인격은 신적인 실체와 함께 존재해야만 한다고 주장한 것이다. 그리스도 안에서 하나님과 인간의 분리를 저지하려고 했던 엔히포스타시스 교리와 더불어 이미 고대 교회 교의학은 가현설에 대항하여 전쟁을 벌이고 있는 상태였다. 다시금 가현설은 정교한 형태로 고대 교회의 정통 교리 깊숙이 침투해 있었던 것이다. 실체를 부인하는 가운데 가현설은 최후의 보루까지 퇴각한 채 그 명맥을 유지해 오고 있었던 것이다. 브루너는 『중보자 Der Mittler』에서 이러한 사실을 간과했으며, 고대 교회의 엔히포스타시스 교리를 훌륭한 인식으로 간주하며 자신의 것으로 받아들였다. 그러나 루터는 전체 인간 예수를 가리키며 "이분은 하나님이다"라고 말해야 한다고 강조했다.

    이러한 가현설이 고대 그리스도론에서 끊임없이 빗나가게 된 이유는 인간의 본성(본질)을 인격성(개인성)과 구별하려는 그들의 구속 사상에 있음을 알 수 있다. 모든 추상적인 신론과 구속 사상은 동일한 전제 조건을 가지는데, 그것은 바로 이념 Idee과 현상 Erscheinung의 대립에 있다. 여기서 이념은 본체이고, 현상은 우연성이다. 하나님이신 그리스도는 본체이고, 인간 예수는 우연성에 속하는 것이다. 가현설의 성육신 교리에는 철학적 가설이 주어져 있는 것이다. 이러한 이념과 현상의 가설로부터 자유롭지 못한 사람은 그것이 정교하든 거칠든 그 어떤 형태의 가현설로부터도 벗어날 수 없다.

가장 근원적인 형태의 가현설은 영지주의자들이 주장하는 것인데, 그 대표적인 인물은 바실리데스와 발렌틴이다.

바실리데스는 이성으로서의 그리스도가 현상으로서의 예수와 먼저 나신 자primogenitus로 합일하는 일은 없었다고 가르친다. 예수는 단지 그리스도를 위한 우연한 토대였을 뿐이며, 이러한 일치도 일시적인 것이며, 십자가에 못 박히는 사건 이전에 이미 해소되었다는 것이다. 그리스도는 십자가에 못 박히기 전에 이미 승천하셨으며, 마귀를 비웃었다고 가르치고 있다. 예수는 실제로 인간이었으나, 인간 예수는 단지 에온 그리스도Äon Christus를 위한 아주 우연적인 출발점이 되었다는 것이다. **발렌틴**과 그의 제자 **아펠레스**는 예수의 몸이 인간에게서 태어난 몸이 아니라, 천상적인 것이라고 가르친다. 예수는 단지 마리아를 통과해서 나왔다는 주장이다. 이러한 주장에 대해 사토닐은 예수가 아예 몸을 가진 적도 없으며, 태어난 적도 없고, 가상의 모습 안에서 고난을 당했다고 말한다. 여기서 이들 세 사람의 공통점은 예수에게는 관심이 없다는 것이다. 예수는 우연적인 현상으로서, 그들에게 중요한 것은 이념을 이해하고 전개하는 데 있을 뿐이다. 예수가 누구이며, 그분이 정말 실존 인물인지는 전혀 중요하지 않은 것이다.

고대 교회는 이러한 가현설에 단호히 대항했다. 그들에게 중요한 것은 이미 일어난 사건을 선포하는 것이지, 구속의 이념을 선포하는 것이 아니었기 때문이다. 그리고 그들은 성육신을 굳게 붙들었다. 실제 인간이 구원을 받아야 하는 것이다. 즉, 예수 그리스도의 역사성에 모든 것이 달려 있는 것이다. 그런데 사람들은 예수 그리스도의 역사성을 그 시대의 하나님 사상과 구속 사상에 부합시키려고 노력했다. 그로 인해 스스로 여러 가지 제약들을 초래하고 말았다. 이러한 가현설과의 교회 투쟁 끝에는 엔히포스타시스의 교리가 있는 것이다. 이것은 가현설 사고의 틀을 벗어나지 못하던 고대 교회의 정통 교리에서는 도저히 극복할 수 없는 잔재로 남아 있었다. 신학적인 정식 속에 성육신은 궁극적으로 본체가 아닌 우연으로서 사고되는 상태에 머물러 있었던 것이다. 그럼에도 불구하고 이러한 가현설은 적대시되었고, 이단으로 불렸으며, 정통에서 벗어난 것으로 정죄되었다.

가현설은 현대 개신교 신학에서 아주 공공연하게 다시 등장하고 있다. 단연 달라진 형태이긴 하지만 그렇다. 요즈음 사람들은 역사적 예수에 대해 새로운 관심을 갖기 시작했다. 사변적인 하나님 사고의 자리에 이제는 사변적인 역사 개념이 나타난 것이다. 지금 역사는 특정한 종교적 이념과 가치의 담지자 역할을 하고 있는 것이다. 역사는 초역사적인 이념의 현상이다. 이러한 가치 중의 하나를 예로 들면, 순수하고 강한 하나님 의식을 가진 인간의 종교적 인격성이라는 이념이 있다. _{슐라이어마허, 『기독교 신앙 Der christliche Glaube』 § 94}

왜 이것이 가현설적인가? 미리 어떤 특정한 종교적 이념을 가지고 있는 상태에서, 이러한 이념을 역사적인 예수에게 적용하고 있기 때문이다. 이것은 특정한 역사 개념에서 획득한 인간상을 예수에게 투영하는 것이라 할 수 있다. 동시에 여기서도 성육신은 단지 목적을 위한 수단이 되어 버린다는 점이 결정적인 이유라 할 수 있다.

이것은 알브레히트 **리츨**의 그리스도론에서 아주 분명하게 볼 수 있다. 그에 의하면, 그리스도는 오직 교회의 가치판단을 통해서만 하나님으로 불리울 수 있다. 교회는 그리스도를 하나님의 존재로 믿고 부르는 것이다. 이러한 판단을 통해 그리스도는 하나님이다. 리츨은 존재판단을 가치판단과 구별하고 있다. 교회는 가치의 질서를 가지고 있다. 그리고 이러한 가치 질서를 가지고 교회는 역사적인 예수 모습 가까이 다가서며, 그를 이러한 가치로 덧입히거나 또는 그 가치가 예수 안에서 실현되었다고 보는 것이다. 나사렛 예수 안에서 구현된 이러한 가치들을 리츨은 은혜, 신실함, 세상을 다스림 등으로 칭하고 있다. 인간 예수는 이러한 가치들의 현현이라는 것이다.

바로 여기서부터 전체 자유주의 신학은 가현설 그리스도론의 빛 안에서 바라보아야만 한다. 그들은 예수를 특정한 사상이나, 가치, 교리의 구현 또는 그러한 것들의 전달자로 이해하고 있다. 이로써 자유주의 신학이 인간에 대해서 수없이 많은 말을 하고 있음에도 불구하고, 근본적으로는 예수 그리스도의 인성을 진지하게 받아들이지 않는다는 사실이 드러난다. 자유주의 신학은 정작 그들이 말하고자 하던 인류를 지나쳐 버리고, 예수는 바로 그들의 신학에서 사변과 구성의 장으로 빠져들고 마는 것이다. 특정한 이념의 전달자로서의 인간 이해는 정작 인간이 당면한 현실을 지나쳐 버리고 마는 것이다. 그들은 이상적 인간과 현실적 인간을 혼동하고, 인간을 하나의 상징으로 만들어 버리는 것이다. 이러한 가현설은 헤겔의 거룩한 철학philosophia sacra(종교철학—옮긴이)에서 가장 독창적으로 전개되고 있다. 헤겔 철학에서 이념과 현상의 관계는 끊임없이 완성으로 나아간다. 헤겔 철학에서 현상은 더 이상 우연적인 것이 아니며, 이념의 필연적인 모습이다. 상황적 삼위일체설을 근거로 하는 헤겔에게 있어 성육신이란 가상이 아니라, 역사 속에 나타난 하나님의 본질적이고 필연적인 현현하심이다. 하나님의 현현하심은 하나님의 본질에 속한 것이며, 오직 역사적인 분으로서만이 하나님은 하나님이 되신다고 주장한다. 그러나 바로 이러한 성육신의 "필연성"이 위험하다. 왜냐하면 여기서 원리가 될 수 없으며 되어서도 안 되는 것을 하나의 원리로 만들어 버렸기 때문이다. 하나님이 인간이 된다는 것, 이 사실은 원리적으로 이해할 수 없는 일이다. 그렇지 않다면 성육신은 실제 인간이 아니라, 인간의 이념에 관해 다루는 것이란 말인가? 하나님의 성육신은 하나님 자신에게서 기인하는 필연성이 아니다. 이러한 논제는 사실상 역사적 현실 속에서 인간을 간과하는 결과를 초래할 뿐이다. 성육신은 도무지 이해할 수 없고 불가능한 일이 하나님의 완전한 자유 속에서 이루어진 것이다. 성육신은 인간이 전혀 추론할 수 없는 하나님의 도래인 것이다.

헤겔주의자인 **비더만**은 그리스도론의 도그마에 대한 해체를 선포하였다. 그는 말하기를, 나사렛 예수의 모습은 대체할 수 있는 것이라고 한다. 그리스도는 단지 아들이라는 원리의 성취이자, 그 원리를 대표하고 있을 뿐이라는 주장이다. 비더만이 부정할지라도, 그리스도의 인성과 역사성은 다시 신적 실체의 우연적 요소가 되어 버리고 말았다. 가현설은 이렇게 개신교 진영에 재등장하였던 것이다.

교회는 모든 형태의 가현설을 정죄해야 하는데, 그 이유는 가현설로 인해 교회를 위한 그리스도의 존재가 부정되는 결과를 초래하기 때문이다. 교회는 가현설과 함께 이념과 현상을 구분하는 일에 종사하는 모든 형태의 그리스적-관념론적 사고를 거부해야 한다. 관념론은 이러한 구분을 통해 모든 신학의 첫 번째 명제라 할 수 있는 것, 즉 하나님이 자유로운 은혜로 말미암아 실제 인간이 되셨다는 사실을 폐기해 버리기 때문이다. 그리스도는 필연성으로 말미암아 신적 원리 또는 인간적 원리를 실현하신 것이 아니다. 관념론 및 합리론에 대한 가현설의 접근은 단연 매혹적인 것이라 하겠다.

2. 에비온파 이단

에비온파 이단은 성육신 교리를 어리석다고 여기는 이방 철학에서 발원하여 생긴 것이 아니다. 에비온파 이단이 나오게 된 배경에는 그리스도의 십자가에 대한 믿음을 걸림돌이라 여기고, 하나님에 대한 모욕이자 능욕이라는 생각이 자리잡고 있다. 그들은 세상에서 십자가로 드러난 하나님의 어리석음을 지혜롭게 만들어 보고자 나름대로 추구하였던 것이다. 그러나 여기서도 하나님의 어리석음이라 여겨진다고 해서, 인간이 그것을 더 지혜롭게 만들 수는 없다. 하나님은 그분 스스로 영광을 취하셨고, 인간이 하나님에게 그분의 영광을 다시 돌려 드릴 수는 없는 것이다.

이러한 사상의 가치는 단지 이방인의 관념론적 사상에 맞서고 있다는 점에서 찾을 수 있다. 에비온파 사상의 뿌리는 다름 아닌 이스라엘 사상인 것이다. 에비온파 이단은 유대 그리스도교에서 나왔으며, 그들은 엄격한 유일신론에 기초한 하나님 신앙을 결코 포기한 적이 없다. 그들은 성육신의 비밀을 신적인 위엄에 대한 인간의 반항으로 이해하는 문제와는 어느 정도 거리를 두었다. 그러나 한분 하나님εἷς θεός을 다른 신 δεύτερος θεός 옆에 세우는 것은 그들로서는 도저히 용납할 수 없는 명백한 신성모독이었다. 다시 말해 오직 한분이신 하나님 옆에 다른 신을 둘 수 없다는 유대 사상이 에비온파 이단의 뿌리가 된 것이다. 그들로서는 예수를 지상에 나타난 하나님의 현현하심으로 바라보는 것조차도 도저히 참을 수 없는 것이다. 이스라엘 사상은 그리스적 가현설 사상에서와 같은 하나님의 변형된 모습을 도무지 상상할 수 없다. 창조주는 피조물의 모습으로 변형될 수 없는 것이다. 그러므로 예수는 하나님의 피조물이자, 구체적 인간으로 머물러 있게 된다. 예수는 참으로 현실적인 인간 그 자체이다. 이런 점에서 에비온파 이단은 가현설을 뛰어넘고 있다. 또한 하나님은 결코 변형되는 분이 아니라는 구약성경의 하나님에 대한 믿음을 굳게 붙들고 있다는 점에서도 가현설을 능가한다고 볼 수 있다. 그러나 에비온파 이단은 하나님과 인간 예수와의 관계를 그 어떠한 경우에도 존재적 동일성으로 인정할 수 없었다. 그들이 인정할 수 있는 것은 다만 어떤 질적인 관계성 정도라 하겠다. 그래서 에비온파 이단은 첫째, 그리스도의 초자연적인 출생을 거부한다. 그들이 예수를 주님κύριος으로 인정하며 특별히 명예를 부여하고 있음에도 불구하고 그렇다. 둘째, 그들은 그리스도의 선재를 거부한다. 셋째, 이렇게 함으로써 그들은 예수의 신성 자체를 부인하는 것이다.

여기서 중요한 역할을 하는 것이 세례인데, 예수는 세례를 통해 의미를 부여받게 된다고 보는 견해이다. 세례를 받음으로 예수는 하나님의 뜻을 행하는 하나님의 아들로서 받아들여진 것이라고 보는 것이다. 하나님의 영이 성숙하고 정결한 인간 예수 위에 임하는 것이다. 예수는 그 실체가 하나님이 아니라, 하나님의 아들된 권리를 특별히 부여받은 것이다. 예수 안에는 발전 과정이 존재한다. 예수는 하나님이 **아니라**ist nicht, 예수는 하나님이 **되는**werden 것이다. 성령이 그를 강력하게 소유하면 할수록 더욱더 강력하게 하나님이 되는 것이다. 그리스도는 성령을 통해 하나님이 되는 것이다. 예수가 하나님이 되는 이러한 과정을 유대 그리스도인들은 예수가 십자가에 죽기까지 복종하는 가운데 율법을 성취하는 데서 찾는다. 그래서 하나님 아들로서의 예수라고 표현하기보다 진리의 예언자라는 표현으로 바꾸어 놓는다. 예수 그리스도는 신적인 위엄을 부여받은 승격된 인간인 것이다. 그렇지만 이러한 생각을 그리스 영웅의 의미와 같은 뜻으로 이해해서는 안 된다. 이방인의 그리스 사상(가현설)의 동기는 창조주와 피조물 사이의 거리를 경시하고 없애 버리는 것이다. 반면, 이스라엘 사상(에비온파 사상)의 동기는 창조주와 피조물의 거리를 유지하는 데 있다. 그리스 사상이 인간의 완벽성을 믿고 있다면, 이스라엘 사상은 인간의 한계를 인정하고 있다. 유대 그리스도인 사상은 예수를 그리스도와 아들로 승격된 인간으로 생각한다면, 그리스 사상은 예수를 반신으로 변형된 인간으로 생각한다. 이 두 사상은 신격화된 인간이라는 개념에서 아주 유사하게 보일 수 있다. 그러나 두 사상의 유래는 철저하게 다르다. 가현설과 에비온파 사상은 종종 식별하기가 아주 어렵다. 그럼에도 불구하고 가현설 이단이 인간의 한계를 없애 버리는 데 관심이 있다면, 에비온파 이단은 인간의 한계를 유지하는 데 관심이 있음을 알 수 있다. 에비온파의 경계선이 자주 너무 쉽게 가현설과 융합되어 버리는 경향이 있기 때문에, 교의학 역사에서 그 둘을 추적하기란 쉬운 일이 아니다.

단일신설Monarchianismus파는 에비온파 이단을 대표한다. 그들의 관심은 하나님의 유일성에 있다. **사모사타의 바울**이 이러한 관심을 대표하는 주요 인물이다. 그는 예수 그리스도의 신성을 제한하고, 예수가 피조물임을 강조했다. 그는 예수의 신성은 오직 강한 의지로 아버지와 결합하는 데서만 찾을 수 있다고 보았다. 그는 성령을 예수 안에서 역사하는 비인격적인 능력으로 생각했다. 그에 의하면, 세례는 예수를 하나님의 아들이 되게 하는 부르심이었다. 그는 예수를 발전 과정 아래 있다고 본 것이다. 예수 그리스도의 신성을 제한한다는 이유로, 고대 교회는 사모사타 출신 바울의 가르침을 이단으로 정죄하였다.

자유주의 신학은 사모사타의 바울에게 호감을 느꼈고, 그가 자신들의 선구자라고 주장하였다. 물론 그 둘 사이에 유사한 면들이 있는 것도 사실이지만, 그렇다고 해서 사모사타의 바울을 그들의 선구자라고 칭하는 것은 합당하지 않다. 자유주의 신학은 본질적으로 에비온파 사상이라기보다는, 가현설적 본성을 가지고 있기 때문이다. 자유주의 신학은 다름 아닌 인간의 무한한 가치에서 그 출발점을 삼고 있기 때문이다. 그들의 진술이 영웅주의나 천재 숭배의 방향으로 나아가고 있다는 점에서 가현설적이라는 사실은 분명하다. 그들 중 한 사람이라 할 수 있는 **슐라터**는 에비온파 사상에 근접해 있다고 할 수 있다. 에비온파 사상은 가치 있는 인간을 칭송하는 것이 아니라, 자신의 명예보다 하나님의 명예를 바라며 순종하는 종을 칭송한다. 인류의 구원과 교회의 구원이 이렇게 순종하는 종과 연결되는 것이다. 에비온파 사상이 외면상 가현설적 자유주의 신학과 커다란 유사성을 보이고 있음에도 불구하고, 에비온파 사상은 자유주의 신학과는 달리 실제 인간으로 존재했던 구체적인 예수를 시야에서 놓치지 않는다는 점에서 월등히 나은 것이라고 할 수 있다. 구원은 어떤 이상형과 연결되어 있는 것이 아니라, 순종하는 종과 연결되어 있다. 에비온파 사상은 실제 인간과 함께 창조주 하나님을 시야에서 놓치지 않고 있다. 그러나 에비온파 사상은 실제적인 "창조주-하나님"으로부터 실제적인 인간, 종에게로 나아가는 길을 발견하지 못하였다. 이것이 에비온파 사상을 이단으로 거부해야 하는 결정적인 이유라 하겠다. 에비온파 사상이 그리스도의 구원 역사를 위험에 빠뜨리고 해체하는 결과를 초래하기 때문이다. 에비온파 사상은 예수 그리스도를 참된 인간인 동시에 참되신 하나님으로 가르칠 수 없다. 그러므로 교회는 에비온파 사상을 이단으로 정죄할 수밖에 없는 것이다.

  요약하면 다음과 같다. 성육신 개념을 부정적으로 규정한다면, 예수의 완전한 인간되심에 관한 것이든 완전한 하나님되심에 관한 것이든, 어느 한쪽을 제한해서 해석하려는 모든 시도는 그 정체가 드러난다고 말할 수 있다. 진술의 합리성이 손상을 받을 수 있다는 위험을 감수해야 하지만, 하나님의 인간되심과 인간의 하나님되심은 함께 사고될 수 있다. 성육신 개념을 긍정적으로 규정한다면, 가현설과 에비온파 이단 사이에서 그 한가운데를 뚫고 지나가야 한다고 말할 수 있다. 가현설 그리스도론과 에비온파 그리스도론의 "어떻게 질문"은 둘 다 "누구 질문"을 시야에서 놓치지 않는 가운데 극복해 나가야 하는 것이다.

3. 단성설 이단과 네스토리우스파 이단(칼케돈공의회·루터파·케노시스파·크립시스파)

❶ 여기서는 예수 그리스도의 신성에 대한 질문이 제기된다. 하나님이 예수 그리스도 안에서 실제 인간이 되었다면, 하나님은 하나의 인격으로서 어떻게 사고될 수 있는가? 그리스도의 하나님-인간에 대한 교리의 발전 과정에서 단성설과 네스토리우스파 신학이 생겨난 것이다.

예수의 인격이 가지는 구속사적 의미는 구속사적 사건이 인간의 본성 안에서 실현될 것을 요구했다. 단성설을 주장하는 자들에게는 이러한 인간의 본성, 즉 우리의 본성이 하나님에 의해 온전히 받아들여지고 그렇게 신격화 되는 것이 중요했다. 그래서 본성의 통일φυσικὴ ἕνωσις이 표제어 "하나님의 말씀이 육신이 된 본성"(μία φύσις τοῦ θεοῦ λόγον σαρκωμένη)이 되었다. 그러면 그리스도는 개별적 인간으로 이해되는 것이 아니라, 인간의 본성을 옷처럼 걸친 것으로 이해된다. 그는 물론 우리 인간과 똑같이 고통을 당하셨고, 목말랐으며, 울기도 하셨다. 그러나 그 모든 것은 그분이 **원하셨기** 때문이지, 그것이 그분의 본질은 아니라는 말이다. 고대 교회의 경건한 신자들에게 그리스도의 신성과 인성을 통일시키는 일은 중요했다. 왜냐하면 하나님의 본성이 우리의 본성 속에 계시되지 않았다면, 어떻게 우리의 본성이 구원을 받고 치유되며 하나님을 닮은 모습으로 변화될 수 있는가?

그러나 성경의 사실은 이 같은 견해와 상반된다. 성경의 사실에 근거해서 보면, 예수는 인간의 모든 특성과 한계를 가진 개별적 인간으로 존재하셨다. 그는 울기도 하셨고 떨기도 했으며 그분 스스로 전지전능하지 않다고 말씀하셨다. 그래서 네스토리우스파는 성경의 사실을 기초로 완전한 인간이신 예수 그리스도를 보존하려고 하였다. 성경에는 그리스도의 인성이 분명하게 부각되어 나타난다. 그리스도는 완전한 인간$^{τέλειος\ ἄνθρωπος}$이다. 그러나 사람들은 그리스도 안에 두 개의 분리된 본성이 존재하고 있으며, 신적인 본성은 인간적인 본성과는 완전히 분리된 상태로 존재한다는 사실을 목격해야만 했다. 하나의 본성이 고난을 기꺼이 견디어 낼 수 있다면, 다른 하나는 그렇지 못하였다. 만약 그리스도 안에서 두 본성의 실체적인 통일이 이루어진다면, 그것은 창조주에 대한 모독이 될 것이다. 여기서는 단지 태도의 통일ἕνωσις σχέτικη, 즉 하나님과 뜻이 일치하는 태도에 관해서 말할 수 있을 것이다. 하나님과 인간 사이의 간극에는 어떠한 변화도 없으며, 혼합이나 변형이 일어나는 것도 막을 수 있다. 그러나 이런 방식으로 두 본성의 차이를 주장하게 되면, 인간 예수만 지나치게 진지하게 받아들이게 되고, **하나님의** 성육신에 관한 언급은 더 이상 할 수 없게 되는 것이다. 이로써 단성설의 관심사와는 반대로 여기서는 구속사적인 요소가 완전히 주변으로 밀려나게 된다. 왜냐하면 그리스도 안에서 신성과 인성의 통일을 믿는 것이 허락되지 않는다면, 어떻게 인간의 본성이 구원을 받을 수 있겠는가?

    논쟁은 매우 격렬했고, 두 진영을 극단적인 양극화로 몰고 갔다. 양성론Zweinaturenlehre은 도저히 해결할 수 없는 딜레마를 드러내고 만 것이다. 단성설을 주장하는 자들에게는 깊은 진지함이 맴돌았다. 네스토리우스파는 성경 가까이로 다가가는 것이 중요했다. 단성설에서는 신성과 인성의 통일이라는 비밀이 강조되고, 네스토리우스파에서는 두 본성의 분명한 분리라는 합리성이 더 강조되었다. 단성설에서는 통일의 신비가, 네스토리우스파에서는 하나님에게로 고양되어지는 에토스와 하나님의 뜻에 순종하는 종의 의지가 강조되었다. 단성설에서는 구원에 대한 문제가, 네스토리우스파에서는 진리에 대한 문제가 강조되었다. 단성설에서는 격렬한 열정과 더 강한 열심, 강인한 확신이 강조되고, 네스토리우스파에서는 더 큰 명확성에 대한 필요성이 강조되었다. 아타나시우스가 자신의 정체성을 단성설에 두지 않았음에도 불구하고, 단성설에서는 아타나시우스의 제사장적 형태를 강조하였고, 네스토리우스파에서는 아리우스의 신학자와 평신도, 고행자 형태를 강조하였다.

콘스탄티노플의 에우티케스가 단성설을 주장하는 자들의 손을 들어 주었을 때, 이러한 논쟁은 그 절정에 이르게 되었다. 나의 하나님은 나와 똑같은 본질을 가지고 있지 않다고 결론지은 것이다. 그는 한 개인으로서의 인간이 아니라, 본질로서의 인간Wesensmensch이라는 것이다. 그는 완전한 인간의 몸σῶμα ἀνθρώπου이 아니라, 인간의 몸과 유사한 몸ἀνθρώπινον을 가지셨다는 것이다. 이런 극단적인 진술과 함께 하나의 본성μία φύσις이 변호되었고, 논쟁에 종지부가 찍혔다. 그러나 다른 한편으로 네스토리우스파는 극도로 분노하여 마리아를 더 이상 "하나님을 낳은 분θεοτόκος"으로 부르지 않기로 결의하였다.

    이러한 양극단 사이에서 고대 교회는 그리스도의 신비에 대한 진술을 찾아내야만 했다. 그리고 고대 교회는 우선 단성설을 이단으로 정죄해야만 했다. 그 이유는 단성설에서 그리스도의 인성은 신성에 의해 삼켜지고 말았기 때문이다. 단성설이 이단으로 정죄된 또 다른 이유는 하나님과 인간의 본질에 대해 사변을 늘어놓으면서, 결국 인간과 하나님의 동일성을 증언하는 결과를 낳았기 때문이다. 단성설은 중세철학에 남아 계속 그 영향력을 행사하였다. 다른 한편, 고대 교회는 네스토리우스파를 이단으로 정죄해야만 했다. 왜냐하면 네스토리우스파가 그리스도의 인성과 신성을 지나치게 분리시킨 결과, 예수 그리스도의 인격의 통일성을 더 이상 생각할 수 없게 만들어 버렸고, 더 나아가서는 하나님의 성육신에 대해서도 더는 진지하게 언급할 수 없는 지경까지 몰고 갔기 때문이다.

    이러한 양극단에 맞서 451년 칼케돈공의회에서 결의

된 예수 그리스도의 하나님-인간 교리는 다음과 같은 고전적인 형식으로 정리된다. "두 본성을 가진 한분이며 동일하신 그리스도"(ἕνα καὶ τὸω αὐτὸν Χριστὸν, ἐν δύο φύσεσιν), 즉 혼합되지 않고 변하지 않는ἀσυγχύτως καὶ ἀτρέπτως 분으로서, 하나님의 변형으로 생각할 수 없다는 말로 단성설에 맞섰다. 다른 한편, 구별되지 않으며 분리되지 않는ἀδιαιρέτως-καὶἀχωρίστως 분이라는 말로 네스토리우스파에 맞섰던 것이다.

칼케돈 신조에서 다루어진 논제는 그리스도의 완전한 신성과 그리스도의 완전한 인성에 관한 것이었으며, 두 본성을 가진 오직 **한분** 예수 그리스도에 관한 것이었다.

칼케돈 형식은 무엇을 말하고자 했는가? 총체적인 가능성들, 신적인 것과 인간적인 것이 예수 그리스도 안에서 나란히 서로 공존한다고 사고하거나 물질적 소여성 관계로 사고하는 것이 처음부터 불가능하며 허용되지 않았음을 말하고자 했다. 이제는 순수하게 부정적인 것만 남아 있을 뿐이다. 하나님-인간이신 예수 그리스도 안에서 무슨 일이 일어났는지에 대해 말할 수 있는 아무런 긍정적 사고 규정도 남아 있지 않다. 이로써 이 문제 자체가 신비로 머물러 있게 되고, 또

신비로 이해되어져야만 하는 것이다. 이러한 신비에 접근하는 길은 오직 믿음 안에서만 허락된다. 모든 사고 형식들은 중단되었다. 칼케돈공의회의 결정 이후, 그리스도 안에 있는 신성과 인성을 물질적으로 말한다거나 존재물로서 서로 구분하는 것은 허락되지 않았다. 사람들은 하나님 개념을 사고할 수 없게 되었으며, 사고하더라도 동일한 경계 안에서만 허용되었다. 이러한 칼케돈 신조를 스콜라 신학의 표출, 또는 스콜라 신학의 토대라고 비난하는 것은 옳지 않다. 마찬가지로, 신학자들 사이의 다툼을 중재하는 타협안이라고 묘사하는 것도 옳지 않다. 칼케돈공의회 이후 그리스도론을 연구하는 신학자들은 이러한 부정적 형식으로 인한 개념의 긴장 속에서 자신의 입장을 유지하고 지켜 나가야 했다. 이러한 상황에 이른 것에 대해, 스위스 헌법은 이렇게 말한다. "스위스는 하나님의 섭리와 인간의 혼돈Dei providentia et hominum confusione[『교회 교의학』(칼 바르트, 대한기독교서회), I/1, 7쪽 참조—옮긴이]을 통해 다스려지고 있다."

그러나 칼케돈 신조는 고유한 모습 안에서 스스로를 해체하고 만다. 이 말은 그들이 사용하는 고유한 개념들이 자기 개념의 한계를 지적하고 있다는 뜻이다. 칼케돈 신조는 "본성들Naturen"이라는 용어를 사용하면서, "본성들"의 문제가 적절하지 않은 방법으로 입증된다는 사실을 표현하고 있다. 칼케돈 신조는 그들이 연구하는 개념들을 이단적 형식을 취하여 설명하면서, 자신을 모순에 빠뜨리고 이치에 맞지 않는 상황에 처하고 마는 것이다. 본성들의 관계에 있어 사고의 기초가 되는 실체의 개념은 여기서 정점에 이르는 동시에 해체되는 것이다. 이제부터 예수 그리스도의 실체에 대해 말하는 것은 더 이상 허락되지 않는다. 본성들에 관한 공론은 종말을 맞고, 실체에 대한 사고도 극복되었다. 칼케돈 신조를 계속 발전시키려 한다면, 그것은 더 이상 본성과 관계된 사고 속에서가 아니라 아직도 언급할 만한 것을 찾아 전혀 다른 방향으로 전개해 나가야 하는 것이다. 칼케돈 신조는 모든 사고 형식들을 뛰어넘는 사실적이고 살아 있는 진술이다. 칼케돈 신조는 부정적 표현 속에서 신학적인 공의회 진술의 모범이 되었다. 이제부터는 정통 교리에 분명하면서도 역설적인 칼케돈 신조가 담기게 되었다. 그리스도는 두 본성을 가진 하나의 인격이다.

❷　　이후 개신교 전통 안에서 칼케돈 신조를 추종하는 거

대한 물줄기의 발전 과정을 볼 수 있다. 그리스도가 두 본성을 가진 하나의 인격이라는 정통의 표현은 유효했다. 그러나 그것이 어떻게 계속 칼케돈식으로 해석될 수 있을까? 한편으로는 구속론적 동기가 작동하였고, 다른 한편으로는 성경적 동기가 여기에 일조하였다. 본성을 묘사하는 데 있어서, 하나님이 완전한 인간이라는 사실이 내포되어 있어야만 하는 것이다. 그러나 나사렛 예수가 어떻게 전능하고 현존하는 분이면서 동시에 한갓 인간일 수 있는가? 어떻게 하나님이 그리스도 안에서 고난을 받을 수 있으며, 전지전능하지 않은 모습으로 그리스도 안에 존재할 수 있는가? 이러한 질문에 대해서는 그리스도의 신성을 문제 삼는다거나 인성을 말살시키지 않는 범위 안에서 답을 찾아가야만 했다.

하나의 인격 안에 있는 두 본성의 사고 도식에 기초하여 루터파는 **속성들의 교류**Idiomenkommunikation 즉, **본성의 통일**unio hypostatica 교리를 만들었다. 이것은 신학이 그리스도론 질문을 통해 내놓은 가장 통찰력 있는 공론이라 할 수 있을 것이다.

이 교리에서 루터파는 그리스도 안에 있는 두 본성의 불가침성이 지켜져야 한다는 전제를 확고하게 붙들었다. 즉,

신성의 본성인 불변성과 본질의 영원성, 인성의 본성인 유한성과 변화 가능성이 침해되어서는 안 되었다. 그러나 하나의 인격 속에 있는 두 본성의 완전한 통일에 앞서, 우선 두 본성은 고립적인 상태로 떨어져서 존재해야 한다고 생각했다. 그러나 이러한 사고는 칼케돈 신조에서 금지된 영역이었음을 주목할 필요가 있다. 인간적인 본성을 예로 들면, 예수의 인간적 본성의 무죄성 교리에서 인성이 처음부터 완전한 인간적 특성을 갖춘 것은 아니라고 이해한 것이다.

첫 진술이 말하는 내용은 이렇다. 전제 조건인 고립의 상태 이후에 두 본성이 하나의 통일unitio 속에서 하나의 연합unio으로 결합된다는 것이다. 이러한 연합은 신성(순수 능동성)이 인성(순수 수동성)을 규정한다는 특징이 있다. 신성은 능동적으로 인격을 형성하는 역할을 하면서, 불이 철을 녹이듯이 수동적인 인성을 흘러넘치게 한다고 보았다. 그 결과는 **인격의 연합**unio personalis이라 할 것이다. 이제부터 두 본성은 해체될 수 없는 사실상 결합 상태가 되었다. 하나님의 로고스가 육신 안에 있는 존재라고 말하는 것 외에는 달리 표현할 방법이 없는 것이다. 하나님의 로고스는 이제 오직 성육신하신 분으로

만 존재하며, 더 이상 분리될 수 없는 존재로 인간 속으로 들어오셨다는 말이다.

이러한 로고스와 육의 연합은 쌍방 간에 이루어지는 **본성들의 교류**communio naturarum를 의미하며, 신성과 인성의 완전한 연합περιχώρησις이다. 요 1:14, 골 2:9, 히 2:14 인격의 연합이 하나님과 인간의 통일을 표현하는 것이라면, 본성들의 교류는 신성과 인성 두 본성의 통일을 표현하는 것이다. 본성들의 교류는 **인격 논제들**propositiones personales에 관한 교리에서 나타나고 있음을 알 수 있다. 이것은 개별적인 본성의 구상이 다른 본성의 구상에 의해서 진술될 수 있다는 사실을 말해 준다. 그리하여 인간(예수)은 하나님이라고 말하거나 하나님은 인간이라고 말하는 것이 허락되며, 또 그렇게 말할 수 있어야만 하는 것이다. 그러나 신성은 인성이라고 하거나 인성은 신성이라는 말은 허락되지 않으며, 그렇게 말할 수도 없다. 그래서 하나님에 관한 구상이나 인간에 관한 구상은 각기 따로 진술될 수 있으나, 두 본성의 불가침성은 그대로 보존되는 것이다.

이렇게 묘사된 두 본성의 연결이 마침내 결정적인 것을 가능하게 한다. 즉, **속성들의 교류**communicatio idiomatum를 가능하게 하는 것이다.골 2:9 이것은 두 본성의 개별적 속성 상호 간의 참여와 교류를 가리킨다. 이 교리는 다음의 세 가지 방식으로 사고된다.

ⓐ **속성과 관련된 방식**genus idiomatikum, primum genus. 무엇이 하나의 본성, 또는 다른 본성에 해당하는지를 말함으로 전체 하나님-인간의 인격에 관해 진술할 수 있다고 보는 것이다. "예수가 탄생했다"는 말은, "그리스도, 아들, 하나님이 탄생했다"라는 의미이기도 하다는 말이다. 또한 "예수가 고난을 당한다"는 말은 "그리스도, 하나님의 아들이 고난을 당한다"는 의미이기도 하다는 말이다.

ⓑ **전인격과 관련된 방식**genus apotelesmaticum, tertium genus. 인격이신 예수 그리스도에 해당하는 구원 행위는 개별 본성들에 관한 것으로도 진술될 수 있다. "예수 그리스도가 우리를 죄로부터 깨끗하게 하셨다"는 말은 "예수의 피가 우리를 깨끗하게 하셨다"는 의미이기도 하다. 두 본성은 그리스도의 지위로 행한 모든 행위 속에 함께 참여하는 것이다.

ⓒ **위엄과 관련된 방식**genus majestaticum, secundum genus. ⓐ와 ⓑ의 두 방식에 이어 이제 두 본성의 관계에 관해서도 말할 수

있다. 신성과 인성의 두 본성은 서로 직접적인 관계성 속에 있다. 그러면 어떤 직접적인 관계성 속에 있다는 것인가? 루터는 무엇보다도 하나님의 위엄과 관련된 방식을 설명하는 것을 중요하게 여겼다. 하나님의 위엄과 관련된 방식이 말하는 바는 영원한 신성이 가지는 속성들이 인성에 의해 진술될 수 있으며, 또한 그렇게 되어야 한다는 것이다. "예수는 전능하시며, 예수는 현존하신다"고 말할 수 있어야만 하는 것이다. 여기서 다루고자 하는 것은 성만찬 교리의 **이다**est에 관해서다. 그리스도의 인성도 편재하심 속에서 사고할 수 있어야 한다는 것이다.

루터파 그리스도론의 핵심은 하나님의 위엄과 관련된 방식이라고 할 수 있다. 그러나 바로 여기가 성경에서의 진술과 갈등이 나타나는 곳이기도 하다. 여기에 인성을 신격화하며, 신성이 변형되어 인성 가까이 접근하는 단성설의 위험이 도사리고 있다. 일치신조Formula Concordiae, Art. VIII, 5의 "그리스도의 인격에 관하여"(De persona Christi)는 다음과 같이 말한다. "두 본성이 인격적으로, 즉 한 인격 속에서 연합된 후, 우리가 믿고 가르치며 고백하는 것은 어떤 본성도 다른 본성과 인격적인 연합이라는 목적을 위해 무언가를 공유해야 하는 것은 아니라는 사실이다. 두 개의 판자를 접합할 때처럼, 서로 아무 것도 주고받을 필요가 없는 그런 식의 결합이 아니라, 여기서 우리가 믿고 가르치며 고백하는 연합은 하나님과 인간 사이에서 신실하게 이루어지는 최고의 교제를 의미한다. 인간적으로 하나님에 관해서, 신적으로 그리스도의 인간성에 관해서 말하고 믿는 모든 것은 이러한 교제의 인격적인 연합과 이로 인한 최고의 신비한 교제로부터 흘러나온다. 고대 교회의 교사들은 이러한 두 본성의 연합과 교제를 벌겋게 달구어진 철의 비유나 인간 안에서 육과 혼이 하나되는 비유를 통해 설명하려고 했다."

개혁파는 다음 세 가지 점에서 이러한 루터파의 그리스도론에 대해 비난의 목소리를 높였다.

ⓐ 이렇게 묘사된 그리스도의 인격은 더 이상 신약성경이 말하는 구속자의 모습이 아니라는 점에서 비난하였다. 이것은 더 직접적인 것이다.

ⓑ 루터파 사고가 하나님 안에서의 어떤 변화를 전제하고 있다는 점에서 비난했다. 하나님의 본질은 결코 인간의

본질일 수 없다. 본질 또는 본성은 분리되어 존재하는 것이며, 오직 인격만 하나가 되는 것이다.

ⓒ 하나님의 위엄과 관련된 방식에서 루터파 그리스도론이 근본적으로 그리스도의 실제 인성에 대해서 다루지 않고 있다는 점을 들어 비난하였다.

이런 부분에서 개혁파 교회는 다른 입장을 취하였다. 로고스가 육신 속으로 들어갔지만, 로고스는 육신 바깥에 더는 존재하지 않는 상태가 된 것은 아니라는 주장이다. 로고스는 삼위일체적 관계 속에 머물러 있으므로, 육신 밖에도extra carnem 존재한다는 것이다. 로고스와 육신과의 결합은 필연적이라거나 분리될 수 없는 성질의 결합이 아니라는 주장이다. 개혁파 교회는 인간 본성에는 발전이 있으며, 성령의 부으심을 받아 점진적으로 하나님의 완전한 도구가 되어 간다고 본다. 위엄과 관련된 방식genus majestaticum이라는 것은 존재하지 않으며, 따라서 인간 본성의 신격화도 없는 것이다. 왜냐하면 여기서는 "유한은 무한을 **파악할 수 없다**"(finitum **incapax** infiniti, 『로마서』 480쪽 참조―옮긴이)는 명제가 처음부터 주어져 있기 때문이다. 두 본성은 오직 인격의 우회로를 통해서만 서로 연결될 수 있다. 다시 말해 하나님의 위엄과 관련된 방식 교리에서 하나의 본성에 대해 진술된 것으로 인격에도 적용해서 진술할 수는 있지만, 하나의 본성에 대해 진술된 것을 가지고 다른 본성에 대해 진술할 수는 없다는 말이다.

그렇다면 개혁파는 예수가 죄를 사하는 권세가 있다든지 죽은 자를 다시 살리는 권세가 있다고 하는 신약성경의 진술에 대해서는 어떤 입장을 취할까? 그들은 여기서 "변화 ἀλλοίωσις"란 개념을 도입한다. 예를 들어, "이것은 내 몸이니라"라는 말은 상징적인 진술로 이해할 수 있다는 것이다. 루터는 이러한 개념을 격렬하게 반대했는데, 그렇게 되면 말씀이 말씀으로서 존속할 수 없다는 이유에서였다. 개혁파에 의하면, 로고스는 어느 곳에나 존재하지만 하나님-인간으로서의 로고스는 특정 장소에만 존재할 수 있다.

개혁파 그리스도론은 하나님의 하나님되심과 인간의 인간됨을 선명하게 보존하는 데 중점을 두었다. 개혁파 그리스도론은 그리스도의 인성을 순수하게 유지하는 데 구원 문제가 달려 있다고 본다. 그러나 루터파는 개혁파 신학이 마치 두 개의 판자를 접합시켜 놓은 것처럼, 두 본성의 관계를 생각한다며 비난하였다. 두 본성 사이에 실제적 통일성이 존재하지 않는다면, 결국 구속 역사 전체를 위험에 빠뜨릴 수 있다는 것이다. 또한 그리스도가 단지 성령의 부으심을 통해서 하나님이 되는 것이라면, 근본적으로 모든 인간이 하나님이 될 수도 있다는 말이 아니고 무엇이냐고 반박하였다. "유한은—자신을 통해서가 아니라, 무한을 통해서—무한을 **파악할 수 있다!**"(Finitum **capax** infiniti non per se sed per infinitum)

모든 것을 결정하는 기준은 오직 성경에 있을 뿐이다. 두 본성을 추상적으로 통일시키는 것과 똑같이 두 본성을 추상적으로 이원화시키는 것도 비성경적이기는 마찬가지다. 사실 루터는 신성과 인성에 관해서 말할 때, 마치 그 둘이 하나의 본성인 것처럼 말할 수 있었다. 그에게는 예수 그리스도의 인성을 신성으로 이해하는 것이 중요했다. 베들레헴의 아기는 "온 세상이 결코 포함할 수 없는" 존재**이다**. 이러한 생각에서 "위엄과 관련된 방식" 교리가 생겨난 것이다. "위엄과 관련된 방식" 교리는 신성이 인성 속으로 뚫고 들어와서, 인성이 신성의 속성을 지니게 된다고 가르친다. 여기서 루터가 예수의 본성과 그리스도의 본성을 구별하지 않는 위험 속으로 들어가는 것은 확실하다.

❸   바로 여기서 완전히 신성화된 인간 또는 "철저히 영적인 육신"을 말하게 되는 위험이 감지되는 것이다. 그래서 루터 이후 정통파 신학자들은 위엄과 관련된 방식 이론에 그리스도의 두 지위zwei Stände Christi를 추가하였다. 그들은 통일성 속에서 역사적 예수에 관해 말하면서 동시에 공관복음서 기자들이 기록한 것처럼 신성과 인성을 지닌 구속자로서 그리스도에 관해 말할 수 있는 것이 중요했다. 그리스도는 두 가지 상이한 지위를 몸소 겪으셨는데, 그것은 낮아짐의 지위status exinanitionis와 높아짐의 지위status exaltationis를 말한다. 루터 정통파에 의하면, 낮아짐의 주체는 인간이 되는 분Menschwerdende이 아니라, 인간이 되신 분Mensch-Gewordene의 낮아짐이다. 이 말은 성육신은 자신을 낮추는 로고스의 행위가 아니라는 뜻이다. 성육신은 영원히 성육신의 상태로 남아 있는 것을 뜻한다. 이것은 삼위일체 안에서도 마찬가지다. 성육신은 낮아짐에 대한 포괄적인 개념이다. 인간이 되신 분이 그분 자신의 자유로운 선택으로 낮아짐의 길을 가는 것이다. 낮아짐은 인간이 되신 분의 속성일 뿐, 그 자체가 로고스의 속성은 아닌 것이다. 이

에 반해 개혁파는 성육신을 이미 낮아짐이라고 보았다. 개혁파는 낮아짐의 주체를 육체가 없는 로고스Logos ἄσαρκος라고 생각했고, 루터파는 육체가 된 로고스Logos ἔνσαρκος(육체 안에 존재하는 로고스)라고 생각했다.

그러나 여기서 낮아짐의 의미는 무엇인가? 예수 그리스도가 지상에 사시는 동안 인성으로 인해 신적인 속성이나 능력을 사용하지 않는다는 뜻이다. 여기서 "사용하지 않는다"는 말을 어떻게 이해해야 하는지에 대한 질문이 제기된다. 여기에는 두 가지 가능성이 있다.

ⓐ 낮아짐이 신적인 가능성을 실제로 비우는 것이며, 신성의 실제적인 포기를 의미하는 것이다.

ⓑ 예수의 낮아짐으로 인해 그분 안에 있는 신적인 능력을 더 이상 볼 수 없는 숨김을 의미하는 것이다.

이렇게 하여 **케노시스파**Kenotiker(비움파, 빌 2: 5-11을 근거로 신적 속성의 사용뿐 아니라 소유의 포기까지 주장하는 사람들)와 **크립시스파**Kryptiker(숨김파, 신적 속성의 한갓 숨김을 주장하는 사람들) 사이에 두 지위론으로 인한 논쟁이 시작되었다. 그들은 그리스도가 지상에 계시는 동안 우주적인 하나님의 다스리심에 참여하셨는지에 대해 질문을 제기하였다.

크립시스파는 숨김 이론κρύψις χρήσεως(사용의 숨김)을 주장한다. 그들은 영원으로부터 계신 분은 인간이 되신 분과 동일한 분이며, 낮아짐 속에서도 영원하신 분의 속성을 보존하고 있다는 하나님-인간의 동일성을 지향하고 있다. 그들의 주요 관심사는 인격의 통일성이다. 이들은 높여진 분과 낮아진 분이 전혀 동일한 분이 아니라면, 모든 것은 그 의미를 잃어버리고 말 것이라고 주장한다. 그들에 의하면, 고난을 당하셔야만 하는 분은 동시에 고난을 당하실 필요가 없는 분이기도 하다. 케노시스파는 이러한 주장에 대해 이의를 제기하였다. 크립시스파의 주장이 사실이라면, 그리스도는 실제로 고난을 당하지도 않았고, 실제로 죽으신 것도 아니라는 말이 되어 버린다는 것이다. 그렇다면 모든 것이 거울에 비친 모습과 같이 될 뿐이며, 단지 가상에 불과한 일이 되고 만다는 것이다. 결과적으로 크립시스파의 그리스도론은 자기도 모르는 사이에 가현설 영역에 발을 들여 놓고 있는 것이라고 반박하였다.

케노시스파는 사용의 포기 이론κένωσιςχρήσεως을 주장한다. 빌립보서 2장에 의하면, 그리스도는 실제로 고난을 받으신 후에 실제로 죽으심으로, 실제로 자기를 비우셨다는 것이 핵심이다. 그들의 관심사는 예수 그리스도의 인간적인 본성을 지키는 것이다. 신적 속성을 포기하는 것을 소유의 비움 κένωσις κτήσεως으로 말할 수 없지만, 신적 속성에 대한 사용의 비움 κένωσις χρήσεως으로 말할 수는 있다. 그리스도는 자신의 신적 속성의 사용을 항상 자제하셨다. 케노시스파는 밖 칼뱅주의(이 책 80쪽 옮긴이 주 참조)에 근접하였다. 그들도 비움의 실재를 위험에 빠뜨리고, 가상 과정으로 끝내는 위험에 노출되어 있었으며, 케노시스파 이론의 위험은 예수 그리스도의 인격을 분리하는 데 있었다.

그러나 크립시스파와 케노시스파는 다음과 같은 보잘 것없는 절충적 명제에서 하나가 되었다. 그리스도는 낮아진 분으로서 그분이 원할 때는 언제든지 신적 속성을 사용하셨고, 그분이 원하지 않으면 사용하지 않았다는 것이다. 그러나 여기서 신적 속성의 소유 κτῆσις 에 대한 문제, 실체에 대한 고유한 신학적 질문을 간과한 채 후퇴하고 말았다. 그리고 그분이 원하실 때면 여기저기서 신적 속성에 의해 무엇인가 빛을 발한다고 보았다. 그러나 기적에 대한 연결 고리에는 다른 믿음의 개념이 도입되어야 한다. 여기서 신앙은 십자가의 은밀하심이 아니라, 눈에 보이는 하나님과 연결되어 버리는 것이다. 이로써 총체적인 그리스도론 문제는 다른 차원으로 옮겨 가게 된다. 그리스도 인격의 통일성, 하나님-인간의 통일성을 굳게 붙들고는 있으나, 두 가지 상이한 지위로 나누어져 있는 것이다. 하나님-인간의 동일성을 굳게 지키고는 있으나, 하나는 은밀하고 다른 하나는 눈으로 볼 수 있는 모습인 두 가지 모습으로 나누어져 있는 것이다. 그러나 그리스도는 **언제나** 두 본성 안에 있는 하나의 인격이다.

❹ 케노시스론은 19세기에 와서 새롭게 수용되었다. **토마시우스와 게스**에 의해 케노시스론은 다시 생명을 얻게 된 것이다. 비록 출발점은 상이하였지만, 그 둘은 그리스도와 로고스 모습의 합일이라고 하는 루터의 가르침과 동일한 동기를 배경으로 한다. 그들은 낮아짐의 주체로서 이제 성육신하신 하나님-인간을 말하는 것이 아니라, 로고스 자체를 말함으로 혼동을 불러일으켰다. 사건의 전개 순서가 로고스-인간-낮아짐이 아니라, 로고스-낮아짐-인간이 된 것이다. 자신을 낮추시는 로고스가 인간인 것이다. 비움의 주체가 육체가 된 로고

스Logos ἔνσαρκος가 아니라, 육체가 없는 로고스Logos ἄσαρκος인 것이다. 이러한 전환은 그리스도 모습의 단순화를 의미한다. 현대 케노시스파에게 신적 속성의 비우심이란 현실 저편에 있는 것으로 로고스의 형이상학적 행위 안에 존재하는 것일 뿐이다. 그리하여 예수 그리스도의 역사적 모습은 신적 능력의 억압이라는 내적인 강압에서 자유롭게 되었다고 보는 것이 초기 케노시스파의 주장이다.

그러나 여기에는 비우심의 형식에 대한 질문이 여전히 남아 있다. 토마시우스는 하나님이 상대적 속성과 내재적 속성을 가지고 있다고 구별함으로 이 문제를 해결하려고 하였다. 내재적 속성이란 하나님의 절대적인 본질에 속한 것들을 말한다. 내재적 속성에 속해 있는 것을 예로 들면 거룩하심, 사랑, 진리 등이 있고, 상대적 속성에 속한 것은 전능하심이나 편재하심, 전지하심이라 할 수 있다. 여기서 그리스도에게 적용할 수 있는 것은 하나님의 내재적 속성들이다. 즉, 그리스도는 하나님의 내재적 속성을 수용하여 지니고 있지만, 상대적 속성들을 지닌 것은 아니라는 말이다. 다시 말해 인간 예수 그리스도는 전지전능하거나 편재하지는 않지만, 하나님의 진리와 사랑, 거룩하심은 속성으로서 지니고 있다는 것을 의미한다.

게스는 여기서 만족하지 못하고 한 걸음 더 나아갔다. 그에 의하면 하나님은 그리스도 안에서 자신의 본질을 완전히 비우셨다는 것이다. 그는 예수가 점진적인 자아의식 속에서 다시 하나님으로서의 자신을 발견하기 위해 그리스도 안에서 하나님이기를 완전히 포기하셨다고 말한다. 이러한 주장에 대해 비더만은 이것이야말로 완전한 이성의 케노시스임을 강조하며, 이러한 사상 속에서 사람들은 더 이상 아무것도 상상할 수 없을 것이라고 말한다.

현대 케노시스론의 모든 시도는 두 가지 이유에서 성공하지 못했다.

ⓐ 예수 그리스도의 신성을 이해 가능하도록 했다기보다, 어느 한 부분만 인간이 된 것으로 파악함으로 예수의 신성을 제한한 것이다. 그러나 하나님은 그분의 신성 전체가 인간이 되신 분의 전능하신 영광 속에 거하고 있는 것이다. 이렇게 성육신하신 하나님이 예수 안에서 우리를 만나신다는 사실이 중요하다. 이것이 바로 "하나님은 그분이 계신 곳에 온전히 존재한다"는 첫 번째 신학 명제의 하나인 것이다.

ⓑ 예수의 인성이 모호해지고 말았다는 것이다. 그리스도의 인성은 단지 몇몇 신적 속성들을 통해 보완됨으로, 결과적으로 그리스도가 지상에 사는 반신의 모습처럼 되어 버린 것이다.

케노시스론은 신적인 본성과 인간적인 본성이 마침내 서로 잘 맞춰지고 어울리게 되기까지 신적 본질의 요구를 풀어내려고 노력하였다. 그래서 하나님 개념과 인간 개념이 만들어졌고, 이 개념들을 서로 분리될 수 없도록 짜 맞추어 구성하였다. 여기서는 아주 작은 불일치라도 파국적 결과를 초래하고 마는 것이다. 아무리 사소한 것이라도 들어맞지 않으면, 전체 시도가 오류에 빠지게 되는 것이다. 그러나 이러한 시도는 기초 단계에서 실패하고 말았다.

칼케돈 신조와 비교해 보면, 여기서도 다시 서로 모순되고 배타적인 대립각을 누그러뜨리고 균형을 이루려는 시도들이 반복되고 있음을 알 수 있다. 신성과 인성이 서로 잘 들어맞는 것처럼 추상적으로 규정할 수 있으리라고 생각한 것이다. 그러나 이렇게 함으로써 문제를 단순화할 수는 있었지만, 실제적인 예수 그리스도를 인정하는 것이 아니라 하나님-인간의 구성물을 인정하는 것으로 만들어 버린 것이다. 이로써 하나님-인간의 관계에 대한 문제를 해결하기 위해 물질적인 범주를 사용하지 못하도록 한 금지 사항은 침해되고 말았다.

속성들의 교류Communicatio idiomatum에 관한 루터파 교리 안에서 케노시스론은 "위엄과 관련된 방식"에 대한 필연적인 보완이었다. 케노시스파는 "위엄과 관련된 방식"에 "낮아짐(굴복—옮긴이)과 관련된 방식genus tapeinoticum"을 비견시켰다. 그러나 케노시스론과 함께 루터파 교의학은 칼케돈의 양성론을 부인하는 위험에 빠져들게 된다. 어떤 부분에서든 칼케돈의 부정적 규정을 범하게 되면 그렇다. 여기서 우리는 "그리스도는 누구신가?"라는 소박한 질문이 아니라, "어떻게 질문"에 답하고 있는 그리스도 진술의 구성물을 보게 된다. 칼케돈 신조 역시 어떻게 질문에 대해 답하였다. 그러나 칼케돈 신조의 대답에서 어떻게 질문은 이미 극복된 질문으로 등장한다. 칼케돈 신조에서는 모순적인 대립 쌍에 대한 부정적 자세에서 양성론 자체가 극복되었으며, 사실상 예수 그리스도는 본성 개념으로 설명할 수 없을 뿐더러 눈으로 볼 수 있는 통일성에 이르게 할 수도 없다고 말한다. 이러한 칼케돈 신조의 비판적 의미는 계승되어야 할 것이다. 이렇게 하기 위해서는 신성과 인성을 마치 눈에 보이는 것처럼 사고하는 방식이 극복되고, 사고의 출발점이 더는 고립된 본성이 아니어야만 가능하다. "인간 예수는 그리스도**이며**ist, 하나님이다"라는 사실이 모든 사고의 출발점이 되어야 하는 것이다. 이러한 "이다ist"를 더 해석하려고 시도해서는 안 된다. 이것은 이미 하나님에 의해 제정된 모든 사고의 전제이며, 시간이 흐른 후에 나중의 어느 시점에 다시 더 구성할 수 있는 것이 아니다. 칼케돈에 의하면, "본성의 상이성과 인격의 독자성을 어떻게 생각할 수 있는가"라는 질문이 아니라, 단호하게 "하나님이라고 증거되는 이 사람은 누구인가?"라는 질문을 던질 수 있을 뿐이다.

4. 종속설 이단과 양태설 이단

여기서는 하나님 아들의 지위에 관해 진술함에 있어 하나님과 예수 그리스도의 동일성ὁμοουσία에 관한 문제를 다루고자 한다. 호모우시아ὁμοουσία에 관해 말할 수 없다면, 모든 것은 그 의미를 잃어버리게 된다. 이 개념은 지금까지 여러 변화를 겪었다. 여기서 호모우시아는 본질의 유사성이 아니라, 본질의 동일성으로 이해할 수 있다. 왜 그리스도와 아버지의 본질의 동일성에 관한 진술이 필요한가? 또 이러한 진술을 붙들어야 하는 이유는 무엇인가? 그 이유는 오직 본질의 동일성을 말할 수 있어야만, 하나님이 그리스도 안에서 자신을 계시하셨다는 성경의 증언을 견지할 수 있기 때문이다. 또한 오직 그렇게 할 수 있을 때에만 하나님의 계시에 관해 말할 수 있기 때문이다. 계시의 개념 속에는 하나님이 계시 속에서 그분 자신과 동일하다는 사실을 전제하고 있기 때문이다. 그렇지 않다면, 엄밀한 의미에서 그것은 하나님의 계시가 아닌 하나의 현상이나 이념을 다루는 것일 뿐이다.

하나님이 인간이 되었다는 명제는 예수 그리스도가 하나님과 본질상 동일한 분이라는 진술을 필연적으로 이끌어 내는 것이라 할 수 있다. 다시 말해 그리스도가 인간이 되었다는 사실이 그리스도가 하나님과 본질상 동일한 분이라는 진술을 이끌어 내는 것이다. 사람들은 본질의 유사성ὁμοιούσιος에서 벗어나려는 시도를 했는데, 이러한 시도는 동일하지 않음ἀνόμοιος을 옹호했던 아리우스주의에 서 있는 것이라 할 수 있다.

종속설Subordinationismus의 관심은 전적으로 하나님의 통일성과 절대적 주권을 보존하려는 데 있었다. 만약 제2의 하나님이 받아들여진다면, 하나님의 통일성과 절대적 주권은 도전을 받게 되고 무너지고 말 것이라고 보았다. 그러므로 예수는 하나님과 동일하지 않은 분ἀνόμοιος으로서, 최대한 양보하더라도 유사 본질ὅμοιος 이상으로 간주되어서는 안 된다는 것이 이들의 주장이다. 오직 이렇게 할 때에만 하나님의 통일성이 보존될 수 있는 것처럼 보였다. 그러나 이렇게 하는 것은 하나님의 계시를 희생시키는 엄청난 대가를 치룬 후에야 가능한 것이었다. 왜냐하면 하나님과 본질이 같은 아들에 관해 말할 수 있어야만 계시에 관해 말하는 것도 가능하기 때문이다. 그리고 오직 이러한 계시 안에서 나의 생명에 대한 결정이 이루어지는 것이다. 결국 하나님의 통일성을 선택할 것인가, 계시를 선택할 것인가 하는 양자택일의 기로에 서게 되는 것이다. 바로 여기에 모든 종속설적 그리스도론의 심각한 오류가 있다. 종속설적 그리스도론이 제시한 길이 도리어 하나님의 통일성을 보존하는 데 있어 역효과를 초래한다는 것이다.

이러한 "통일성이냐, 계시냐" 하는 선택의 문제는 결국 하나님의 통일성을 훼손하는 결과를 초래하고 말았다. 왜냐하면 그리스도가 신적 위엄으로 고양된 인간이라고 이해되는 곳에서는, 다시 말해 본질상 하나님이 아니라, 인간이면서 하나님으로 경배되는 것이라면 하나님과 인간 사이에 반신이 존재한다는 말이 된다. 그리고 바로 이러한 반신으로 인해 하나님의 통일성이 완전히 부정되는 것이다. 더 나아가서는 다신론에 문을 열어 주는 결과를 초래하게 된다. 하나님의 통일성을 지키기 위해 계시를 제한한다면, 바로 그로 인해 하나님의 통일성이 무너져 버리는 결과에 이르는 것이다. 현대 아리우스주의는 예수 안에서 천재나 영웅을 숭배하며, 이렇게 함으로써 계시의 가치와 함께 하나님의 통일성도 훼손하고 말았다.

양태설Modalismus은 통일성과 계시를 함께 사고하려는 빛나는 시도였다. 그리스도는 하나님의 얼굴이다. 다시 말해 하나님의 현현하시는 형태, 즉 하나님의 세 가지 모습 가운데 두 번째 모습이라는 것이다.슐라이어마허 여기서 우리의 질문은, 이러한 양태설에서 계시가 실제로 진지하게 고려되고 있느냐는 것이다. 하나님은 온전한 전체로서 인간을 만나고 계시는

지에 대한 질문이다. 적어도 통일성이 보존되고 있는지에 대한 질문이다. 아니면 우리가 참되신 하나님이 아니라, 단지 현상에만 매임으로 통일성을 훼손하고 있는지에 대한 질문이다.

계시의 개념과 유일신론은 서로를 필요로 한다. 계시의 개념이 축소되면, 유일신론은 무너지고 만다. 그리스도는 하나님의 계시로서 아버지와 본질상 동일하다고 말할 수 있어야 하는 것이다. 그렇지 않으면 유일신론은 계시와 함께 붕괴되고 만다. 종속설을 추종하는 자들이나 양태설 추종자들이나 둘 다 온전한 계시를 진지하게 받아들이지 않음으로 인해, 잘못된 해결책을 제시하였다. 양자로 이해하는 것도, 그리스도를 하나님의 얼굴이라고 이해하는 것도 잘못이다. 그리스도의 인격이 특별한 것은 온전한 본질의 동일성에 있는 것이며, 그와 함께 해체될 수 없는 온전한 계시의 상호 관계에 있다. 여기서 다시 이원성과 통일성의 형식적인 그리스도론 원리가 반복된다. 두 본성이면서 한 인격, 두 지위를 지니면서 한분이신 하나님-인간, 두 개의 신적 인격(아버지와 아들)이지만 한분 하나님인 것이다.

III.

비판적 그리스도론의 성과

비판적 그리스도론에서는 예수 그리스도에 대한 참되지 않은 내용을 구별해 내어 한계를 설정하는 일이 중요하다. 동시에 잘못된 신학적 내용뿐만 아니라, 부적절한 사고방식에 대해서도 경계 설정을 해야만 한다.

 예수 그리스도에 대해 명백한 직접성으로 진술하는 그러한 명제들은 잘못된 신학적 내용이라고 말할 수 있다. 신성을 명백하게 표현할 수 있기 위해 인성을 삼켜 버리는 사람은 가현설 추종자가 되는 것이다. 예수의 인성을 표현하기 위해 그리스도의 신성을 단지 궁극적이며 우수한 인간적인 최상의 성과로 나타낸다면 에비온파로 정죄될 수밖에 없다. 그리스도의 인격의 통일성은 강조하면서도, 그와 동시에 그분의 신성과 인성의 두 측면에 대해서는 말하지 않는다면 단성설을 주장하는 자로 정죄되거나, 네스토리우스파로 전락할 수밖에 없다. 비판적 신학은 예수 그리스도의 실제적 사실 속에 근거한 모든 신학적 진술에 대해 그 한계를 분명하게 볼 수 있도록 한다. 이로써 신학적 사고를 실행하는 데 있어 특정한 사고방식에 관해서는 이미 말했다.

고대 교회의 총체적 사고는 우시아οὐσία(실체), 본성Natur, 본질Wesen의 개념을 담고 있다. 이러한 개념이 신학적 사고의 근본이 된 것이다. 자유주의 신학은 그리스도론에 이러한 개념이 도입됨으로 예수 그리스도의 복음적 이해에 그리스 문화가 영향을 미치게 되었으며, 이로써 복음을 왜곡하는 결과를 초래한 것이라고 말한다. 그러나 이러한 주장에 대해서는 칼케돈 신조만큼 비그리스적 사고의 산물도 없다는 말로 응수할 수 있을 것이다. 고대 교회에서 우시아는 본성과 에토스의 대립 쌍으로 간주할 수 없다.리츨 여기서 우시아는 실제로 하나님의 본질, 사실 그 자체, 하나님의 완전하심 또는 인간의 총체성을 뜻하는 말이다. 오류는 다른 곳에 있다. 이러한 오류는 우시아 개념이 도덕적 이해를 신체적 이해에 종속시킨 데 있는 것이 아니라, 하나님의 본질과 인간의 본질을 방관적이며 이론적인 방식으로 말한다는 데 있다. 그 결과 하나님과 인간이 예수 그리스도 안에서 비로소 통합되는 두 개의 서로 구별되는 사물인 것처럼 이해하게 된 것이 오류이다. 그러나 하나님과 인간의 관계는 결코 두 사물 간의 관계가 아니라, 오직 두 인격 상호 간의 관계로 사고되어야 한다. 또한 하나님이 예수 그리스도 안에서 인간이 되기 전까지, 우리는 하나님에 대해서도 인간에 대해서도 아무것도 알 수 없었다. 우시아 개념이 가진 장점이라면, 사물 관계의 역동적인 이해사모사타의 바울와는 반대로 처음부터 본성 개념이 구원을 보편적으로 이해하고 있다는 점에 있다. 우시아 개념에 의해 구원의 실재에 관해서 말할 수 있다는 점이, 모든 것이 인간의 역동적 의지 행위에 근거하고 있으며 본성이 신격화의 과정을 통과하고 있는 것과는 다르다. 역동적 자유주의 견해 역시 두 개의 분리된 본질성으로부터 출발하는데, 난점을 해결하지는 못했다. 이러한 사고는 하나님-인간이라고 하는 이미 주어진 사실을 전제로 하지 않고, 두 개의 분리된 본질성이라는 선지식을 기초로 하나님-인간을 짜 맞추어 구성하려고 한다. 그러나 사실 그대로 두는 것이 비판적 그리스도론의 귀결이다. 본성 속에서든 역동적인 모습 속에서든 그리스도를 사물로 보는 사고방식은 결국 거부되고 배제되었다. 비판적 신학은 사실 그 자체를 제시함으로 이러한 사고방식을 금지하고 있다. 오직 이러한 사실 자체에 의해 하나님이 누구신지 알 수 있는 것이다. 비판적 신학의 공헌은 다음 세 가지로 요약할 수 있다.

ⓐ 칼케돈 신조에서는 예수 그리스도에 대한 긍정적이고 직접적인 진술을 극복하고, 두 가지 서로 대립되는 진술 안에서 산산조각으로 깨어지고 말았다.

ⓑ 그리스도론에서 물질적 사고를 극복하였는데, 물질적 사고 자체로 하여금 자신의 한계에 부딪히게 함으로 "내재적 극복"을 이룬 것이다. 물질적 사고는 자기 자신과 모순적 대립 속에 있는 대상을 동시에 필연적인 것으로 인식해야 하는 곳에서 종말을 고한다. 그리고 이러한 종말이 인정되는 곳에는 단연 실제적인 사실들이 자리를 차지하게 되는 것이다.

ⓒ "어떻게 질문"이 내재적 자기 해체 속에서 극복되는 것이다. "어떻게 질문"은 물질적 사고와 함께 직접적인 관련을 맺는다. 물질적 사고는 "어떻게 질문"을 자기 자신 속에서 해체한다. 그러나 그것은 하나님과 인간의 연결이 어떻게 이

루어지는지 대답할 수 없다. 그리스도에 대한 "어떻게 질문"이 종말을 고하면, "어떻게 질문"을 스스로 폐지하였던 칼케돈 신조에 이르게 된다. 이제는 "당신은 누구인가"라는 질문만 남게 되는 것이다. 결국 칼케돈 신조는 그 자체가 "누구 질문"이라 할 수 있다.

이러한 결과에 이르게 된 지금 그리스도론은 더는 물러설 수 없다. 이제 비판적 그리스도론의 토대 위에 어떻게 긍정적 그리스도론을 세워 나갈 것인가?

IV.

긍정적 그리스도론

1. 인간이 되신 분

여기서 우리가 던져야 할 질문은 "성육신하신 분을 어떻게 생각할 수 있는가?"가 아니라, "이분은 누구신가?"라는 질문이다. 그는 하나님에 의해 양자로 입양된 분이 아니며, 인간적 요소로 옷 입으신 분도 아니다. 그는 인간이 되신 하나님이다. 그는 우리가 인간이 된 것처럼, 인간이 되신 분이다. 그는 완전한 인간이며, 인간으로서 갖추어야 할 것이 더는 없다. 이 세상이나 인간에게 주어진 것으로서 예수 그리스도가 받아들이지 않은 것은 아무것도 없다. 우리는 엔히포스타시스(이 책 131쪽 옮긴이 주 참조) 개념에 항의해야만 한다. 예수 그리스도는 그분 자신의 인간적이고 개인적인 실체Hypostase와 인간적인 실존 방식을 가지셨다. 예수 그리스도는 나와 똑같은 인간이었다. 오직 그분에게만 인간적인 것이 전혀 낯설지 않다는 말이 참으로 타당하다. 우리는 이러한 인간 예수 그리스도를 향해 "이분은 우리를 위한 하나님이다"라고 말한다.

이 말이 다음과 같은 두 가지 의미를 담고 있는 것은 아니다.

ⓐ 하나님이 누구시며 어떤 일을 하는 분인지, 예수 그리스도에 관해 우리가 이미 알고 있기라도 해서 이러한 선지식을 기초로 그리스도에게 적용할 수 있다는 말이 아니다. 여기서 다루는 내용은 직접적인 정체성에 대한 진술이며, 여기서 말할 수 있는 모든 것은 그리스도를 바라봄으로 얻어지는 것이다. 더 나은 표현으로, 이 사람을 바라보지 않을 수 없다는 말이다.

ⓑ 또한 "이 인간은 하나님이시다"라는 진술은 그분의 인간되심에 무언가를 추가하는 것을 의미하는 것이 아니다. 이 말은 본질적인 것이다. 여기에 반해 인간 예수에게 우리가 가지고 있지 않은 것, 즉 신성이 추가되기라도 한다는 듯이 논쟁을 벌일 수도 있다. 이것은 옳다. 그러나 여기서 주의가 필

요하다. 예수 그리스도 안에 있는 하나님과 인간은 본성(본질, 우시아)의 개념을 통해 통합적으로 사고할 수 있는 것이 아니다. 예수의 하나님되심은 그분의 인간되심에 무언가 추가된 존재라는 뜻이 아니다. 또한 예수의 하나님되심은 예수가 도달해야 하는 그분의 인간되심에 대한 연속성에 있는 것도 아니다. "이 인간은 하나님이시다"라는 진술은 인간 예수 그리스도를 위로부터 수직적으로 관통하는 진술이다. 이 말은 예수 그리스도에게 무엇을 더하거나 빼는 것이 아니라, 오히려 인간 예수 전체가 하나님이라고 보증하는 진술이다. 이 말은 이 인간에 대한 하나님의 판단이며, 하나님의 말씀인 것이다. 그리고 위로부터 오는 이러한 보증, 즉 하나님의 판단과 말씀을 무언가 보충해 주는 것으로 생각해서는 안 된다는 사실을 분명히 알아야 한다. 이러한 보충의 이해와 구별되는 까닭은 위로부터 오는 하나님의 말씀이 바로 인간 예수 그리스도 자신이기 때문이다. 예수 그리스도가 그분 자신에 대한 하나님의 판단**이므로**, 예수는 자기 자신과 하나님을 동시에 보여주는 것이다. 이로써 고립된 두 존재들을 서로 합일시키려는 시도는 궁극적으로 배제된다. 인간 예수가 하나님으로서 신앙

IV. 긍정적 그리스도론

되는 것이다. 그리고 그분의 인성에도 불구하고 신앙되거나 그분의 인성을 넘어서서 신앙되는 것이 아니라, 바로 인간 그 자체로서 신앙되는 것이다. 인간 예수에게서 말씀에 대한 신앙이 불타오르는 것이다. 예수 그리스도는 신성, 우시아, 실체, 본질 안에서가 아니라, 다시 말해 객관적으로 발견 가능하거나 서술 가능한 방법에 의해서 하나님이 되는 것이 아니라, 오직 신앙 안에서 하나님이 되신다. 이러한 신적인 본질은 존재하지 않는다. 예수 그리스도를 하나님으로 서술하기를 원한다면, 이러한 신적 본질에 관해서라든지 그분의 전능하심과 전지하심에 대해서 말할 것이 아니라, 죄 아래 있는 연약한 인간에 대해서 말해야 한다. 그리고 그분의 구유와 그분의 십자가에 대해서 말해야 하는 것이다. 우리가 예수의 신성에 대해 다루고자 한다면, 바로 그의 연약함에 대해 말해야만 하는 것이다. 사람들은 그리스도론에서 역사적인 인간 예수 전체를 보고, 그가 바로 하나님이라는 사실을 진술하게 되는 것이다. 사람들은 먼저 인성을 본 후에 신성으로 눈을 돌리는 것이 아니라, 완전한 하나님이신 인간 예수 그리스도를 바라보는 것이다.

예수의 탄생과 세례에 관한 증거는 나란히 병존하고 있다. 탄생에서는 전적으로 예수 자신을 가리키고, 세례의 경우 전적으로 위로부터 오시는 성령을 가리킨다. 탄생과 세례 사건을 동시적으로 사고하는 데 따르는 어려움은 양성론에 기인한다. 그러나 두 사건은 양성론이 아니다. 양성론을 무시하고 두 사건을 바라보면, 한 사건은 예수 안에 거하시는 하나님 말씀의 존재에 대해, 다른 사건은 예수 위에 임하시는 하나님 말씀의 강림에 대해 다루고 있다. 구유에 계신 아기는 완전한 하나님이다. 성탄 찬송 속에 담겨 있는 루터의 그리스도론을 보라. 세례를 받으실 때의 부르심은 예수 탄생의 진실성을 확증해 주는 사건이지, 양자 삼으심에 관한 교리를 담고 있는 것이 아니다. 구유는 인간을 가리키고 있는데, 그는 바로 하나님이다. 세례는 예수에게 시선을 두고 사명을 부여하며 부르시는 하나님을 가리키고 있다.

우리가 예수 그리스도를 하나님으로 부르고 있다면, 그분을 전지전능한 속성을 지닌 하나님 이념의 대리자인 것처럼 말해서는 안 된다. 이러한 추상적인 신적 본질은 없다! 예수 그리스도를 하나님으로 부르고자 한다면, 그분의 약함에 관해서, 구유와 십자가에 관해서 말해야만 하는 것이다. 그리고 이렇게 말해지는 인간은 추상적인 하나님이 아닌 것이다.

엄밀하게 따지면 인간되심에 관해서 말하는 것이 문제의 핵심이 아니라, 우리는 오직 성육신하신 분에 관해서 말할 수 있을 뿐이다. 그 이유는 전자는 "어떻게 질문"이 되고 말기 때문이다. "어떻게 질문"은 동정녀 탄생 교리에 근거하고 있다. 동정녀 탄생 교리는 역사적으로나 교의학적으로 의문이 남는다. 동정녀 탄생에 대한 성경의 증거는 불확실하다. 성경의 증거가 실제 사실을 전해 주는 것이라 할지라도, 교의학적 불명확성 때문에 이에 대해서 특별한 의미를 부여할 수 없는 것이다. 동정녀 탄생의 교리는 하나님의 인간되심을 나타내는 것이지, 성육신하신 분의 실재를 표현해 내야 하는 것은 아니다. 그러나 바로 여기서 인간되심의 결정적인 면을 표현하는 데 실패한다면, 다시 말해 예수가 우리와 같이 되셨다는 점을 설명하지 못한다면 어떻게 되는가? 이 질문은 성경에서 답을 주지 않기 때문에, 우리에게 의문으로 남아 있을 뿐이다.

성육신하신 하나님은 영광의 주님이시다. "말씀이 육신이 되어…우리가 그의 영광을 보니." 요 1:14 하나님은 인간 안에서 영광을 받으신다. 이것이 삼위일체의 궁극적 신비다. 인류는 삼위일체 안에서 함께 받아들여졌고, 영원 이래로가 아니라, "이제부터 영원까지" 삼위일체 하나님은 자신을 성육신한 분으로 바라보고 계신다. 육체 안에 있는 하나님의 영광은 이제 삼위일체 하나님과 함께 영생을 받아 누릴 인간 자신의 영광이기도 하다. 그러므로 하나님의 인간되심을 인간에 대한 하나님의 심판으로 바라보는 시각은 옳지 않다. 하나님은 최후 심판의 자리에서도 여전히 성육신하신 분으로 존재하는 까닭이다. 하나님의 인간되심은 하나님의 영광에 관한 메시지다. 하나님은 인간으로서의 존재 안에서 그분의 영광을 보신다는 말이다. 하나님의 인간되심은 가장 먼저 실제로 피조물 속에 나타난 창조주의 계시이며, 은폐된 계시가 아니라는 사실에 주목해야 한다. 예수 그리스도는 하나님의 모습을 우리에게 보여주는 분이다.

하나님의 인간되심을 하나님의 이념으로부터 이끌어내어 생각하려는 시도는 잘못된 것이다. 헤겔에서 볼 수 있듯, 인간이 이미 하나님의 이념에 속해 있다는 생각에서 출발해서는 안 된다. 여기서 성경의 증거는 이러하다. "우리가 그의 영광을 보니." 이 말씀을 근거로 인간되심을 하나님이 영화롭게 되는 것이라고 말한다면, 이제 다시 사변적인 하나님 이념이 은신하도록 해서는 안 된다. 사변적인 하나님 이념은 인간되심을 하나님 이념의 필연성에서 이끌어 내고 있기 때문이다. 인간되심의 교리를 사변적으로 뒷받침하는 하나님 이념은, 피조물에 대한 창조주의 자유로운 관계를 논리적으로 필연적인 관계로 바꾸어 버리는 까닭에 불가능하다. 인간되심은 필연적인 것이 아니라 자발적인 것이다. 하나님은 자유의 사로 피조물에 그분 스스로 매이셨으며, 성육신하신 분 안에서 스스로를 영화롭게 하신 것이다.

　　왜 이것이 우리에게는 개연성이 없으며 낯설게 들리는가? 그 이유는 예수 그리스도 안에서 일어난 인간되심의 계시가 우리 눈이 볼 수 있는 하나의 영광으로 나타나지 않았기 때문이다. 성육신하신 분은 또한 십자가에 달리신 분이기 때문이다.

2. 낮아진 분과 높여진 분

그리스도의 낮아짐과 높여짐을 직시하게 되면, 우리는 신성과 인성에 대해 묻게 되는 것이 아니라, 그분의 인간으로서의 실존 방식이 어떠한지를 묻게 된다. 우리는 인간적 본성과 신적 본성을 그 본질 속에서 인식하는 것이 아니다. 여기서 다루게 되는 문제는 인간이 되신 분의 실존 방식이다. 이와 동시에 낮아짐이란, 성육신하신 분이 하나님으로서의 존재가 아닌 인간으로서의 존재에 더욱 방점이 찍힌 것을 의미하는 것은 아니다. 낮아짐이 하나님을 제한한 상태는 아니라는 뜻이다. 이와 마찬가지로, 높아짐이란 인간으로서의 존재보다 하나님으로서의 존재에 더욱 방점을 찍는 것을 의미하지도 않는다. 낮아짐 속에서든 높아짐 속에서든 예수는 완전한 인간인 동시에 완전한 하나님이셨다. "이 분은 하나님이시다"라는 진술은 높여진 분에게와 똑같이 낮아진 분에게도 해당되는 말씀이다.

    낮아진 분을 향해 우리는 "이분은 하나님이시다"라고

말한다. 낮아진 분은 죽음 속에서 어떠한 신적 속성도 드러낼 수 없었다. 오히려 정반대였다. 우리는 하나님에 대해 절망하며 죽어 가는 인간을 볼 수 있을 뿐이다. 그런데 우리는 바로 이분을 보며 말하기를 "이분은 하나님이시다"라고 고백한다. 바로 이분이 하나님이라는 고백을 할 수 없는 사람은 "하나님이 인간이 되셨다"는 의미가 무엇인지 알지 못한다. 하나님은 인간되심 속에 자신을 숨기고 있는 것이 아니라 계시하고 있는 것이다. 낮아짐의 실존 방식에서 로고스로 존재하거나 그리스도의 신성 또는 인성으로 존재하는 것이 아니라, 하나님-인간이라는 온전한 인격으로 존재하는 것이다. 그분은 이러한 걸림돌의 은밀함 속에 자신을 감추신다. 낮아짐의 원리는 그리스도의 인성이 아니라, "육신의 모양$^{ὁμοίωμα\ σαρκός}$"롬 8:3이다. 그러므로 높아짐으로 인해 이러한 "육신의 모양"은 벗어 버리지만, 그리스도의 인성은 영원히 남아 있는 것이다.

    이제 우리의 질문은 이렇게 바뀌어야만 한다. 즉, "**어떻게** 하나님이 인간으로 낮아질 수 있는가?"라는 질문이 아니라, "낮아진 하나님-인간은 **누구신가?**"라는 질문이 되어야 한다. 인간되심의 교리와 낮아짐의 교리는 서로 철저하게 분리되어야만 하는 것이다. 낮아짐의 실존 방식은 성육신하신 분의 행위다. 이 말은 인간되심의 행위로부터 성육신하신 분을 시간적으로 분리할 수 있다는 의미가 아니라, 역사 속의 하나님-인간은 구유에서 십자가까지 항상 낮아진 하나님-인간이라는 말이다.

낮아짐의 특별한 실존 방식은 어디에서 나타나는가? 그것은 그리스도가 죄의 육신을 받아들이셨다는 사실에서 나타난다. 낮아짐이란 저주 아래 있는 세상으로 인해 제약을 받는 존재가 되었다는 말이다. 인간되심은 첫 번째 창조와 관련이 있고, 낮아짐은 타락한 창조물과 관련이 있는 것이다. 낮아짐 속에서 그리스도는 자유로운 의지로 죄와 죽음의 세상 속으로 들어오신 것이다. 그리스도가 이 세상 속으로 들어오실 때, 연약함 속에 자신을 감추시고 하나님-인간으로 드러내지 않으셨다. 그는 왕의 옷을 입으시고 하나님의 형상μορφὴ θεοῦ으로 인간들 사이로 들어오지 않았다. 낮아진 모습으로 자신이 바로 하나님-인간이라는 그분의 요구는 모순으로 보였고 적대 감정을 불러일으켰다. 그는 익명으로 거지들 사이에선 거지로, 추방을 당한 자들 사이에선 추방을 당한 자로, 절망하는 자들 속에서는 절망하는 자로, 죽어 가는 자들 속에서는 죽어 가는 자로 들어가셨다. 그는 또한 죄인들 사이에는 죄인으로 들어가셨다. 그렇지만 그는 루터의 말대로 "최악의 죄인peccator pessimus"으로서, 무죄한 자로서 죄인들 사이에 죄인으로 들어가신 것이다. 여기에 그리스도론의 중심되는 문제가 있다.

예수의 무죄성 교리는 다른 여러 교리들 가운데 하나가 아니다. 무죄성 교리는 지금까지 논한 모든 것을 결정하는 중심 요소인 것이다. 여기서 이런 질문이 제기된다. "낮아진 하나님-인간으로서 예수는 인간의 죄 속으로 완전히 들어오신 것인가?" 그는 우리처럼 죄 있는 인간이었는가? 그렇지 않다면, 그는 정말 인간이 되었다고 할 수 있는가? 그런 분이 우리를 도우실 수 있는가? 그러나 만약 죄 있는 인간이 된 것이라면, 우리와 똑같은 곤궁에 처한 분이 어떻게 우리를 곤궁으로부터 건져 낼 수 있단 말인가?"

여기서 문제의 핵심은 "육신의 모양ὁμοίωμα σαρκός"이 무엇을 의미하는지를 이해하는 것이다. 여기서 육신의 모양은 실제로 인간의 육신sarx과 똑같은 모습을 의미한다. 그의 육신은 우리의 육신이다. 우리 육신의 본질은 유혹에 약하고 자기

멋대로 하려는 성향이 있다. 그리스도는 이러한 모든 곤경을 온 육신으로 받아들인 것이다. 그러면 어떤 점에서 그는 우리와 구별되는 것일까? 우선 간단하게 답하면, 우리와 구별되는 점은 아무것도 없다고 할 수 있다. 그는 우리와 똑같은 인간이며, 우리처럼 모든 면에서 시험을 받았다. 아니, 어쩌면 우리보다 더 심하게 시험을 받았다는 말이 옳을 것이다. 그의 육신 속에도 하나님의 뜻을 거역하려는 법이 있었다. 그는 언제나 투쟁 한가운데 있었다. 그는 겉보기에 죄처럼 보이는 것을 행하셨다. 그는 분노하였고, 성전에서 어머니에게 무례하게 대하기도 했으며, 그의 적들을 피하기도 했고, 자기 동족의 법을 어기기도 했으며, 나라의 지배층들과 종교 지도자들에게 저항할 것을 촉구하기도 했다. 그는 인간의 눈에 죄인으로 비쳤음에 틀림없다. 그는 이렇게 식별하기 어려울 정도로 인간의 죄된 존재 방식 속으로 깊이 들어오셨던 것이다.

그러나 시험에 약하고 자기 고집대로 행하려 하는 육신을 받아들인 분이 바로 "그분ER"이라는 사실이 중요하다. 또한 그분 인생을 주시하며 판단하던 자들의 눈에 죄로 보이며 잘못이라고 평가될 수밖에 없는 행동을 한 분도 바로 "그분"이라는 사실이 중요하다. 이러한 행동을 하신 분이 다름 아닌 그분이기 때문에, 이러한 진술들은 전혀 다른 시각에서 이해할 수 있다. 그는 실제로 인간의 육신을 입으셨다. 그러나 그가 육신을 입으셨기에, 이 육신은 자기 권리를 취하였다. 그 스스로 행위를 판단하는 것이다. 그는 우리처럼 근심하였으며, 그것은 그의 근심이었다. 그는 우리처럼 시험을 받았으며, 그것은 그의 시험이었다. 그는 우리처럼 저주 속에 있었다. 그러나 그가 우리와 똑같은 저주 속에 있었기 때문에, 우리는 그분으로 인하여 구원을 얻게 된 것이다. 바로 이러한 육신을 입으신 그로부터 우리는 낮아진 하나님-인간에 대해 가장 거슬리며 걸림돌이 되는 진술을 감히 시도해야 하며 감당해야 한다. 그는 우리를 위해 실제로 죄가 되셨고, "최악의 죄인"으로서 십자가에 못 박히셨다. 루터는 그가 우리 죄를 짊어지셨기 때문에, 그분 자신이 우리와 같은 도적, 살인자, 간부姦夫가 된 것이라고 말했으며, 이 말로써 모든 그리스도론 진술 가운데서 최악의 묘사를 하였다. 그러나 최악의 죄를 짊어지신 분으로서, 오직 그분만이 무죄한 분이며, 거룩하시고, 영원하신 분이다. 오직 그분만이 주님이며, 아버지의 아들인 것이다.

죄인인 동시에 무죄한 분이라는 두 가지 상반되는 진술을 조화시킬 수는 없다. 이는 마치 육신의 모양으로부터 낮아진 예수를 빼내려는 것이나 마찬가지다. 예수는 완전한 인간으로서 율법에 자신의 권리를 내주고 심판을 받으셨다. **그렇게 함으로써** 그는 죄의 권세를 빼앗았다. 예수는 완전히 육신의 모양 안에 있고, 우리처럼 저주 안에 있다. **그러나** 죄는 없으시다. 육신의 모양은 죄의 영역에서 그와 관련이 있다. 그러나 동시에 죄가 없으신 **그**와 관련이 있는 것이다. 이러한 사실에 대해 조화를 찾으려 하기보다는, 그는 죄가 없으신 육신의 모양이라고 고백하는 것이 옳다. 그러나 그는 이러한 육신의 모양으로부터 구별되기를 원하지 않는다. 이러한 모순을 풀어 나가는 것이 그리스도론에서 다루려는 논제는 아니다.

예수의 무죄성 명제는 눈에 보이는 예수의 행동에 초점을 맞추면 잘못 이해되기 쉽다. 이러한 행동들은 육신의 모양 안에서 생겨난 것이다. 이러한 행동은 죄가 없지 않으며 모호하기도 하다. 사람들은 육신의 몸에서 일어난 행동으로는 선과 잘못을 모호하게 볼 수 있을 뿐이다. 익명으로 존재하려는 사람에게, 내가 방금 당신을 보았고 꿰뚫어보고 있다고 말한다면, 그것은 그를 모욕하는 말이 될 것이다.키르케고르 그러므로 우리는 예수의 무죄성을 행동을 근거로 찾을 수 없다. 행동에 따른 예수의 무죄성의 명제는 눈에 보이는 도덕적 판단에 의한 것이 아니라, 이렇게 모호한 행동을 한 분이 바로 그분, 즉 영원히 죄가 없으신 그분이라는 믿음의 인식에서 나온 것이다. 신앙은 시험을 받은 분은 시험을 이기신 분이며, 죄의 유혹에 맞서 씨름하신 분은 완전하신 분이며, 불의하게 보이는 분은 의로우신 분이며, 저주를 받은 분은 거룩하신 분임을 인식한다. 또한 예수의 무죄성은 익명성에 따른 것이기도 하다. "나로 말미암아 실족하지 아니하는 자는 복이 있도다."마11:6

낮아진 하나님-인간은 유대인들에게 걸림돌이 된다. 다시 말해 낮아진 분은 경건한 사람들에게 걸림돌이라는 말이기도 하다. 아니, 모든 인간들에게 걸림돌이라고 말할 수 있다. 걸림돌은 그의 역사적인 난해성에 있다. 경건한 자들은 그분이 경건할 뿐만 아니라, 하나님의 아들이라는 주장을 이해할 수 없다. 그런 주장을 하면서 모든 율법을 어기는 것처럼 보이는 그분을 도무지 이해할 수 없는 것이다. "옛 사람에게 말한 바를…너희가 들었으나."마5:21 또한 그분에게 이런 말씀을 하실 수 있는 전권이 있음을 이해할 수도 없다. "나는 너희에게 이르노니."마 5:22 "네 죄 사함을 받았느니라."마 9:2 이것이 걸림돌의 핵심이다. 예수가 완전한 인간이 아니라, 신성을 가진 분으로서 존재하셨다면, 사람들은 이러한 주장을 별 거부감 없이 받아들였을 것이다. 그가 사람들이 증거로 요구했던 표적을 보여주었더라면, 사람들은 그를 믿었을 것이다. 그러나 그분은 표적과 기적이 일어나는 결정적인 순간에 익명성 속으로 물러나셨고, 눈에 보이는 증거를 보여주지 않았다. 이렇게 그는 스스로 걸림돌이 되게 하셨다. 그렇지만 이러한 그분의 행동이 모든 것을 좌우한다고 할 만큼 중요하다. 그가 자신에게 제기된 그리스도 질문에 기적을 행하는 방법으로 답했다면, 그가 우리와 똑같은 인간이 되었다는 명제는 그 유효성을 상실했을 것이다. 왜냐하면 그리스도론에 대한 결정적 순간에 항상 예외가 따르곤 했을 것이기 때문이다. 그러므로 계시가 더 가까워질수록 은폐는 더욱 짙게 드리워져야만 하고, 그리스도 질문이 더 절박해질수록 익명성은 더욱 예측하기 어려워져야 한다고 말할 수 있다.

이러한 사실을 통해 걸림돌의 모습은 그리스도 신앙을

가능하게 해주는 중요한 주춧돌임을 알 수 있다. 다른 말로 표현하면, 낮아짐의 모습은 우리를 위한pro nobis 그리스도의 모습이라는 것이다. 이러한 걸림돌의 모습 속에서 그분은 우리에게 자유를 주길 원하셨던 것이다. 그리스도가 기적을 통해 자신을 증명해 보이셨다면, 우리는 눈으로 볼 수 있는 신성을 가지신 하나님을 "믿을" 수 있었을 테지만, 그것은 나를 위한pro me 그리스도에 대한 신앙은 아닐 것이다. 그렇게 믿는다면 그것은 내적인 회심과는 다른, 신의 존재를 인정하는 신앙에 불과할 것이다. 기적을 보고 믿는 신앙은 눈에 보이는 것에 대한 신앙이다. 일어난 기적을 시인하는 것은 나와는 아무런 상관이 없다. 신앙은 낮아진 하나님-인간에게 나를 전적으로 맡기는 것이며, 모든 것이 역행하는 듯이 보이는 곳에서도 말씀에 의지하여 삶의 모험을 감행하는 것이다. 눈에 보이는 증거를 단념하는 곳에 신앙이 있다. 그곳에 세상에 대한 믿음이 아닌, 하나님에 대한 신앙이 있는 것이다. 신앙의 유일한 안전장치는 그리스도를 통해 나에게 주어지는 말씀 그 자체에 있다.

증거의 표적을 구하는 자는 자기 자신에게 머물러 있는 것이다. 그러면 아무것도 달라지지 않는다. 걸림돌에도 불구하고 아들을 인식하는 자는 신약성경에서 말하는 믿음의 사람이다. 그는 우리를 위한 그리스도를 보며, 하나님과 화목하게 되며, 새롭게 된 자이다. 익명성으로 인한 걸림돌과 우리를 위한 그리스도의 모호한 모습은 끊임없이 지속되는 신앙의 시련이다. 그러나 이러한 시련이 말씀에 주의를 기울이도록 가르친다.^{사28:19} 그리고 신앙은 말씀으로부터 나오는 것이다.

그러면 이제 예수가 기적을 행한 것은 어떻게 이해해야 하는가? 이러한 기적은 익명성을 깨뜨려 버린 것이 아닌가? 익명성이 한 번이라도 깨어져 버리면, 모든 것은 유희에 불과할 뿐이지 않은가? 우리도 자유주의 신학과 함께 기적이란 시대사적 환각이라고 간주해야 하는가? 아니면, 적어도 이곳에서 양성론으로 돌아가야 하는 것은 아닐까? "위엄과 관련된 방식"을 인정해야 하지 않을까? 기적은 익명성을 깨뜨리는 것이 아니다. 고대의 종교 세계는 기적과 구원자로 충만했다. 그러한 세계에서 예수 홀로 서 있는 것이 아니다. 기적의 영역은 하나님의 영역과 동일시되지 않았다. 기적은 일상의 세계를 넘어서는 것이 분명했지만, 창조 세계 안에 있는 다른 차원의 것이라고 간주될 뿐이었다. 기적에 속하는 개념은 하나님 개념이 아니라, 마법의 개념이었다. 이러한 마법의 세계는 이 세상 안에 속한 것이었다. 예수가 기적을 행한다면, 마법의 세계관 속에서 그의 익명성이 지켜질 수 있었던 것이다. 또한 신약성경에서 예수를 하나님의 아들로 증명하는 일에 기적이 일조한 것도 아니었다. 오히려 그 반대였다. 사람들은 그의 능력을 사탄적인 것이라고 오도하기까지 했다.

    오직 믿는 공동체만이 기적 속에서 하나님 나라의 도래를 인식한다. 신앙을 가진 공동체는 기적 속에서 마법을 보거나 잘못된 요구를 바라보지 않는다. 그러나 이러한 기적을 통해 믿지 않는 자들에게 익명성을 없애 주지는 못한다. 믿지 않는 자들은 기적을 보면서 마술을 말하고 모호한 세계를 마음에 두는 것이다. 그러나 믿는 자들은 기적을 보면서 하나님 나라를 말하는 것이다. 우리가 사는 시대는 마술과는 거리가 멀어져 있지만, 그럼에도 불구하고 기적을 신적인 것이 명백히 드러나는 사건으로 간주하려는 경향이 있는 것은 사실이다. 기적이 일어나면, 그 기적은 여전히 모호할 뿐이며 해석을 필요로 한다. 여기서 신앙을 기초로 하는 해석과 불신앙을 기초로 하는 해석이 다르다는 사실을 경험하게 된다. 믿는 자들은 기적 속에서 세상 마지막 때에 행하게 될 하나님의 전조 Vorzeichen를 본다. 믿는 자들은 익명성과 연관해서 하나님의 영광을 본다. "우리가 그의 영광을 보니."요 1:14 그러나 믿지 않는 자들은 아무것도 볼 수 없다.

낮아진 분은 오직 부활하고 높아진 분으로서 우리와 현존하는 것이다. 오직 부활과 높아짐을 통해 우리는 익명성 속에서 다루어지는 분이 바로 하나님-인간이라는 사실을 인식할 수 있다. 믿는 자로서 우리는 익명성이 이미 폐지된 익명성이라는 사실을 인식하며, 구유의 아기는 영원히 현존하는 분이며, 죄의 짐을 짊어지신 분은 무죄한 분이라는 사실을 인식한다. 그러나 이 명제는 그 반대도 참이다. 우리는 높여진 분을 오직 십자가에 달리신 분으로서 인식하며, 무죄하신 분은 오직 죄를 짊어지신 분으로서, 부활하신 분은 오직 낮아진 분으로서 인식하는 것이다. 그렇지 않다면, 그는 우리를 위해 존재할 수 없을 것이며 신앙도 없을 것이다. 그렇다고 부활이 익명성을 깨뜨리는 것은 아니다. 부활도 모호하기는 마찬가지라 할 수 있다. 부활은 오직 예수의 걸림돌이 제거되지 않은 곳에서만 믿어질 수 있다. 오직 예수를 따르는 제자들만이 부활하신 분을 본다. 여기서는 오직 눈먼 신앙으로만 보는 것이다. 그들은 아무것도 보지 못하면서 믿으며, 그러한 신앙 속에서 보는 것이다. "보지 못하고 믿는 자들은 복되도다." 요 20:29

이제 낮아짐과 높아짐 사이에 빈 무덤이라는 기를 꺾는 역사적으로 드러난 사건이 놓여 있다. 부활의 보고에 앞서 빈 무덤에 관해 보고하는 것은 무엇을 의미하는가? 이것이 그리스도론의 결정적인 사건인가? 무덤이 실제로 비어 있었다면, 이것은 부활에 대한 보이는 증거가 되며, 익명성을 파기하고 예수가 하나님의 아들이심을 모든 사람에게 드러내는 것이다. 그러면 믿음은 필요하지 않은 것이 아닌가? 만약 무덤이 비어 있지 않았다면, 그리스도는 부활하지 않았고 우리의 믿음은 헛되다는 말이 되는가? 여기서 우리의 "부활 신앙"은 빈 무덤에 대한 보고에 달려 있는 것처럼 보인다. 그렇다면 우리의 믿음은 궁극적으로 단지 빈 무덤에 대한 믿음이란 말인가?

이것이 바로 그리스도를 믿는 자들이 받아들여야만 하는 마지막 걸림돌이다. 무덤이 비어 있든 비어 있지 않든 둘 다 걸림돌이기는 마찬가지다. 우리는 역사성에 있어서도 확신하지 못한다. 예수의 제자들이 시신을 훔치지 않았음을 증명하기란 어렵다는 표현으로 성경 스스로 걸림돌을 드러내고 있다. 우리는 여기서도 모호성의 영역에서 빠져나올 수 없는 것이다. 우리는 어떤 부분에서도 이러한 모호성에서 헤어나오지 못한다. 성경의 증언에서 예수는 걸림돌이라는 모습으로 들어가셨다. 또한 예수는 부활하신 분으로서도 그의 익명성을 중단하지 않고 있다. 예수는 영광 가운데 재림하실 때에야 비로소 익명성의 베일을 벗어 버릴 것이다. 그때는 믿는 자와 믿지 않는 자에 대한 결정이 나는 것이다. 그때는 실제로 하나님의 인간되심과 오직 하나님의 영광만이 남아 있을 것이다.

오늘날 우리는 이 모든 것을 낮아진 분과의 만남을 통해 알고 있다. 교회는 낮아진 그리스도와 함께 낮아짐의 길을 걸어간다. 그리스도께서 모든 면에서 눈에 보이는 증거를 단념하신 이상, 교회가 낮아짐의 길을 걸으면서 눈에 보이는 증거를 구할 수는 없는 것이다. 그러나 낮아진 교회로서도 마치 낮아짐이 그리스도가 함께하시는 눈에 보이는 증거라는 듯이 헛된 자만심을 품고 스스로를 바라보아서는 안 된다. 낮아짐은 최소한의 근거로 삼을 만한 증거가 아니다. 여기에서 교회가 따라야 할 법이나 원칙은 없으며, 낮아짐과 함께하는 철저한 하나님의 길이 있을 뿐이다. 사도 바울이 자기 자신에 관해 말했듯이, 그리스도를 위해서라면 낮아짐에도 높아짐에도 처할 수 있어야 하는 것이다. 중요한 것은 높은 자리에 처하든 낮은 자리에 처하든 그리스도를 위해서라는 것이다. 황제의 옷을 걸치고 있든 순교자의 관을 쓰고 있든, 외모로 판단할 수는 없는 것이다. 그리스도는 외모로 판단하지 않고, 교만한 자를 대적하신다. 교회는 스스로 보기에 높은 자리에 있든 낮은 자리에 있든, 그와는 무관하게 항상 낮아진 그리스도만을 바라보아야 한다.

교회가 너무 성급하게 자신의 낮아짐을 자랑하는 것은 좋지 않다. 이와 마찬가지로, 교회가 너무 성급하게 자신의 능력과 영향력을 자랑하는 것도 좋은 것이 아니다. 교회의 올바른 자세는 오직 겸허한 자세로 자기 죄를 고백하며 용서를 구하고 주님에 대한 신앙을 고백하는 것이다. 교회는 날마다 새롭게 그리스도로부터 하나님의 뜻을 받아들여야 한다. 교회는 성육신하시고 낮아지고 높여진 분의 현존에서 하나님의 뜻을 받아들인다. 또한 그리스도는 날마다 새롭게 교회가 가진 고유한 소원과 희망에 제동을 걸 것이다. 교회는 날마다 새롭게 다음과 같은 말씀의 도전을 받으며 사는 것이다. "너희가 다 나를 버리리라."마 26:31 그리고 이러한 도전 속에서 날마다 새롭게 다음과 같은 약속의 말씀을 굳게 붙잡아야 하는 것이다. "누구든지 나로 말미암아 실족하지 아니하는 자는 복이 있도다."마 11:6 (이어서 "제3부 영원한 그리스도"가 예정되었다. 하지만 이에 관한 기록은 없고 학기는 끝이 났다.)

후기

I.

그리스도론에 대해서 말하자면, 디트리히 본회퍼가 1933년 여름 학기 베를린 대학에서 매주 두 시간씩, 총 18시간의 강의를 했던 때로 거슬러 올라가야 한다. 이때의 강의 원고는 유실되고 없다. 지금 우리에게 알려져 있는 본회퍼의 그리스도론은 에버하르트 베트게가 힐데 엔터라인(후에 쉔헤어의 아내)과 클라라 훈쉐, 하르트뭇 가도우, 게르하르트 리머, 볼프디터 침머만, 오토 두드추스의 노트를 기초로 재구성한 것이다. 디트리히 리츨은 원고의 감수를 맡았다. 이렇게 만들어진 그리스도론은 1960년 가장 먼저 디트리히 본회퍼 선집 제3권 Gesammelte Schriften, III, 166-242에 수록되었다. 이렇게 출간된 그리스도론은 원고의 신빙성이 유보되어 있다는 단점에도 불구하고 폭넓은 관심을 불러일으켰다. 이 책은 1937년의 『나를 따르라』와 『윤리학』, 그리고 『옥중 서신』을 연결하는 일종의 통로 역할을 한다고 볼 수 있다. 그리스도론과 관련해서 본회퍼가 남긴 유일하면서도 명확한 초안이자, 긴박하게 그리스도론적 실행을 요구하고 있는 이후 저서의 내용은 어떤 모양새일까? 이미 1962년 마틴 마티는 『본회퍼의 위치*The Place of Bonhoeffer*』143에서 다음과 같이 썼다. "학생들이 강의 시간에 받아 적은 노트를 베트게가 재구성하여 출간한 이 책은 지금까지 그 어떤 선집도 누릴 수 없었던 관심을 받고 있다. 그리고 이 책이 차지하는 비중 또한 다른 선집과는 비교할 수 없을 정도로 엄청나다."(베트게 번역) 본회퍼 선집이 재발행을 거듭하면서 독일어(*Wer ist und wer war Jesus Christus? Seine Geschichte und Sein Geheimnis*, Furche Verlag, Otto Dudzus 감수)뿐 아니라, 영어(*Christology* 또는 *Christ the Center*, Edwin Robertson 감수), 네덜란드어(*Wie is en wie was Jezus Christus?*, F. van der Heijden 감수), 스페인어(*Quién es y quién fue Jesucristo?* Sergio Vences und Ursula Kilfitt 감수)로도 그리스도론이 단행본으로 출간되었다.

본회퍼의 "그리스도론"에 대한 관심은 본회퍼 특유의 교회 비판이 그의 신학과 어떤 관계에 있는지에 대한 호기심에서 기인한다고 해도 과언이 아닐 것이다. 이러한 교회 비판은 『나를 따르라』에서 이미 나타났고, 특히 이후에는 현실 그리스도교 세계의 무력함과 그리스도론적 중심에 대한 윤리적 질문에서도 볼 수 있다. 많은 사람들이 1933년 강의는 본회퍼 후기 저작물을 이미 넘어서고 있으며, 특별히 다른 수확은 없는 것으로 보았다. 그러나 다른 사람들은 그리스도론이 전통과의 연장선에 있는 것으로 인해 안도하였다. 그리고 또 다른 사람들은 이러한 전통이 바로 이 순간 너무도 절박한 현실이라는 사실을 직시하였다.

1933년 본회퍼 강의를 수강한 제자들은 그리스도론이 출간되자, 강의를 듣던 그때 말해진 내용이 거의 30년이라는 세월을 뛰어넘어 전체적 맥락에서뿐 아니라 많은 세부적인 부분에서까지 다시 발견되고 있다고 하였다. 신학의 중심 테마에 대한 집중된 관심 속에서 본회퍼 강의는 무장하였고, 그해 여름의 소란한 사건에 대해 무관심하게 지나쳐 버리는 일이 일어나지 않도록 방비하는 자세를 갖추었다. 신학의 중심

테마와 깊이 씨름하는 가운데 긴 안목으로 다가올 모든 시간에 꼭 필요한 것을 전해 주었던 것이다. 그리고 거의 구체적으로 언급되지 않았음에도 불구하고, 강의실 안에서의 강의는 결코 바깥 세상에서 일어나는 사건들과의 연관성을 잃지 않고 있었다. 1933년 대학까지 전염된 히틀러에 대한 열광을 직시하도록 하는 것은 모든 역사의 메시아적 바이러스에 대한 암시GS, III, 196f.만으로도 충분했다. 지금 이 순간 "예수 그리스도는 누구신가"라는 질문에 대한 확신을 얻는 것보다 더욱 절박한 질문이 있겠는가? 학생들은 이 질문에 신학적인 실존 문제가 달려 있고 그리스도 세계의 실존과 인간 실존이 달려 있다는 사실을 감지하면서 강의실 안에는 숨 막히는 긴장감이 감돌았다. 200여명의 본회퍼 강의 수강생들 중에 강의를 빼먹는 일이 거의 일어나지 않았다는 것은 대학가에서 찾아보기 드문 현상으로 예외적이라 할 수 있을 것이다(1962).오토 두드추스의『그리스도론』서문

본회퍼 자신도 대학에서 한 강의 중에 그리스도론만큼 심혈을 기울긴 강의는 없었다고 말한 적이 있다. 이것은 1933년 여름 대학에서나 베를린 교회에서 요구하는 소란스러움

때문이 아니라, 당시 본회퍼가 마침내 결심한 소재와 관련이 있었다. 훗날 돌이켜 생각하면, 태초의 중심이신 그리스도에 관한 학문이 히틀러 집권을 앞둔 시점에 의식적으로 급하게 선별된 것처럼 보일 수도 있다. 그러나 이러한 해석에 단초를 제공할 만한 흔적들은 발견되지 않는다. 오히려 2년 동안 베를린 대학 신학부에서 강의하면서 내적 결론이 무르익어 갔다고 볼 수 있다. 본회퍼는 이미 선행되어 온 모든 신학에서 항상 전제되고 이용된 확고한 토대에 대해 답해야만 했다. 수강생들은 본회퍼가 감당한 수고의 대가로 오직 많은 유익을 얻었을 뿐이다. 고대 교회와 개혁파 그리스도론을 다룸으로, 수강생 스스로가 올바른 자리를 찾을 수 있게 되었고, 매혹적인 투명성을 획득할 수 있었던 것이다.

본회퍼는 대학에서 신학을 공부하는 동안 칼 홀, 아돌프 폰 하르낙, 그리고 라인홀트 제베르크에게서 나사렛 예수 그리스도에 대한 가르침을 받았다. 무엇보다 이들은 그리스도론에 있어 본회퍼에게 언제나 가장 중요한 선생이었던 마르틴 루터에게로 인도해 주었다. 그리고 이들 동시대 선생들 외에도 지난 세기 명성을 떨쳤던 슐라이어마허와 리츨이 있었다. 그들은 신학대학의 분위기와 연구 방향에 막대한 영향력을 끼친 인물들이다. 본회퍼는 이 두 사람이 그들의 그리스도론에서 그리스도를 결코 완전히 지상에 내려오지 못하게 하였고, 역사 속으로 온전히 들어오지 못하도록 하였다고 생각하였다. 그들에게 그리스도는 "초역사적인 이념의 현상"에 불과한 것처럼 보였다. 그러한 가현설적 그리스도론으로 인해 그들에게 루터라는 인물은 이해되지 못한 채로 머물러 있었다[현대 그리스도론을 다루면서 본회퍼는 이중 제목을 붙였다. "가현설 이단(자유주의 신학)"]. 드러난 형태나 숨겨진 형태의 가현설을 식별해 내어, 가현설 사상의 악영향에 대항해서 싸우는 일에 본회퍼는 언제나 열정적이었다. 모순적으로 보이지만 온전한 성육신에 그의 실존적 믿음이 달려 있었을 뿐만 아니라, 정치적인 윤리에 이르기까지 영향력을 미치고 있었다. 그래서 가현설에 맞서 방어하는 것이 그리스도론 강의에 있어 중심 과제가 되었다. 방법론적이며 자연적이며 사실적으로 현존하는 그리스도가 역사적 예수 앞에 명명되어야 했다. 역사는 그리스도론을 지탱해 줄 수 없다. 그러나 그리스도론이 역사적 예수를 명시하지 않는다면, 가현설을 피할 수 없다. 본회퍼는 이러한 질서 안에서 역사가 특수한 권리를 부여받을 수 있도록 한 것이다.

II.

그리스도론 강의를 하는 동안, 그리고 강의 이후를 살펴보면, 잠복기가 있었고, 발전 과정과 강조점의 전환도 있다.

그리스도론 강의는 교회를 연구하는 과정에서 이미 시작되었고, 예수 그리스도의 교회에 대한 연구가 그리스도론으로 인도한 것이다. 구체적으로 현존하는 교회로부터 시작하여, 교회라는 장소의 내적인 비밀이신 그리스도에게로 인도된 것이다. 이 말은 이미 주어진 것에 대한 창조적이고 예리한 비판을 감사하게 받아들이는 자세를 가져야 함을 의미한다. 그래서 『성도의 교제』(1927)와 『행위와 존재』(1930)에서 교회에 대해서 다룬 이후, 점점 더 강하게 중심이신 그리스도에게 시선이 머물게 되었던 것이다. 이것은 믿는 자들의 교제에 있어 "한계"를 직시하며, 우리 한가운데 "외부로부터" 권위가 부여되는 것에 대한 비판적 시각을 가진 것이다. 창세기 1-3장에 대한 강의인 "창조와 타락"(1932-1933년 겨울)에서는 주어진 사실에 대한 긍정적 면이 전개된다. 즉, 그리스도가 어떻게 "중심"인지를 다루고 있는 것이다. "그분은 우리 현존의 한계이면서 동시에 중심이시다."『창조와 타락』(복 있는 사람) ●쪽 그리스도가 어떻게 우리 현존의 한계와 중심으로서 하나님과 세상을 위한 중보자가 되는가를 생각하는 가운데 본회퍼는 1933년의 "그리스도론" 강의를 기획한 것이다.

그리스도론 강의는 시간적으로 본다면 본회퍼가 대학 강사로서 계약을 맺은 기간 중 마지막에 이루어졌다. 1935-1936년 『나를 따르라』와 함께 다시 한 번 베를린 신학대학으로 복귀하려던 시도는 강연 금지 통보를 받게 된 사건과 무관하지 않은 것으로 보인다. 그리스도론 강의도 사실적인 면에서 보면, 『나를 따르라』에서 예수 그리스도의 교회와 윤리를 연구하는 과정에 선행되어 나온 "지적인" 종결이었다. 그러한 맥락에서 비합법적인 삶의 환경에서 세상적이며 윤리적인 길을 모색하려고 한 것이라고 볼 수 있다. 에른스트 파일은 여기서 철학적 전문용어의 사용이 어떻게 종말을 고하는지 직시하였다."디트리히 본회퍼의 신학", 171 본회퍼는 그리스도론 강의에서 그리스도론적 질문을 다시 한 번 "존재론적" 질문GS, III, 172으로 묘사한다. 그러나 이와 같은 일은 훗날 더는 일어나지 않았으며, 심지어 본회퍼가 존재론적 진술을 선포된 증언과 혼동하는 것을 경고하고 있음을 볼 수 있다.

이미 다루어졌던 여러 초안들이 담고 있던 내용이 그리스도론 강의에서 하나의 통일성으로 발전한 것이다. 『성도의 교제』에서 보여지는 사회적 책임에 대한 사고, 『행위와 존재』에서 보여지는 한계성, 『창조와 타락』에서 보여지는 한계와 중심의 연결, 이것은 바르셀로나, 뉴욕 그리고 1933년 이전에 행한 교회 연합 강의에서 볼 수 있듯 그 시대가 요구하는 구체적 계명이나 역사적 사건과 항상 관련이 있는 것이다. 에른스트 파일은 이렇게 요약한다. "예수 그리스도는 말씀과 성례, 공동체에서 나를 위해, 우리를 위해 현존하는 분이며, 역사적인 분으로서 말씀과 성례, 공동체에 현존하는 분이다. 그리고 현존하는 분으로서 현실과 역사, 자연의 **중심**으로서 자신을 증거하시며, **중보자**로서 우리를 대신하여 서 계시는 분이다. 그리스도론 강의에서 이미 말한 것처럼, 그리스도는 **중심**이며 **중보자**라고 확신 있게 말할 수 있다. 예수가 중심인 동시에 중보자라는 말이 뜻하는 바는, 예수는 중보하심으로 중심이 되고, 중심이기 때문에 중보하는 까닭이다."같은 곳, 176 개인성을 강조하는 나를 위해pro me는 우리를 위해pro nobis라는 복수를 보충함으로 그 위험이 해소되었다. 1944년 테겔 형무소에 수감되어 있을 때, 본회퍼는 모든 그리스도론의 주제어인 "그리스도"는 아주 단순하게 생각한다면 타인을 위해pro allis라는 지식을 통해서만 우리 것이 될 수 있다고 말하고 있다. 왜냐하면 그리스도는 타인을 위해 존재하는 분이기 때문이다.

『나를 따르라』를 쓴 시기에 교회와의 관계에서 그리스도는 한계이자 중심, 중보자로서 내외적으로 전달되었다(문학적으로 교회 투쟁의 구체적 결정에서 이루어진 것보다 더 지속적으로 성공한 것으로 보인다). 『윤리학』과 『옥중서신』을 쓴 시기에는 그리스도의 제자들이 세상과의 관계에서 가지는 의미에 대한 사고가 이루어진다. 그리고 지금에 와서야 비로소 일찍이 그리스도의 이름에 부여된 세상으로부터의 부정적 선긋기가 긍정적 세상과의 관계를 더욱 강하게 드러낸다는 사실을 알게 된다. 1933년 기초를 닦았던 일이, 지금 나타나는 결과로 발전한 것이라 볼 수 있다. 이것은 모든 존재에 대한 기쁨과 함께 죄책과 책임을 받아들이는 가운데 죽음에 대해 기꺼이 수용하는 자세라 할 것이다. 이제 우리는 『윤리학』과 『옥중서신』의 그리스도론 부분에 서 있으며, 성육신에 대한 항소 앞에 서 있다(또한 십자가와 부활의 깊이 차원에서도 마찬가지다). "오직 세상 한가운데 계신 그리스도만이 그리스도이다"E. 219라는 명제는 루터의 "굴복의 그리스도론Kondeszendenz-Christologie"을 새롭게 표현한 것이다. 이렇듯 1933년의 그리스도론 강의는 아직 "세상"을 눈앞에 직시할 수 없었다. 그러나 이제 "세상"은 본회퍼에게 더는 추상적이고 일반적인 개념이 아니었다. 그는 세상의 한 부분을 눈앞에 두고 있으며, 그 세상은 바로 자신이 살고 행동하며 사고하는 시간과 장소, 상황과 맞물려 있었다. 1933년 그가 던진 근본적인 질문은 아직 장소나 어느 단체에 매이지 않은 "예수 그리스도는 누구신가?"였다. 그리고 아주 빠른 시일 안에 수강자들은 "어떻게"와 "무엇", "왜"라는 질문의 선긋기와 그 결과에 놀라움을 금치 못하였다. 이제 그 질문은 "오늘 우리에게 예수 그리스도는 누구신가?"이다. 이로써 질문은 자신이 살아가는 세상과 연결되어 더욱 절박하고 겸허해졌다. "오늘"이라는 말은 서구 세계의 계몽과 학문이 연결되어 있으며, 이 세계와 병존하는 그리스도교의 실현과 무거운 죄책, 책임을 규정하는 것이다.

칼 바르트와 마찬가지로 본회퍼도 그리스도 일원론 Christomonismus 으로 인해 비난의 대상이 되었다. 신학의 길에서 그리스도론적 구성 요소들의 특징은 당연히 그리스도 중심이라고 말할 수 있을 것이다. "윤리학"의 요구에 응하면서 본회퍼 스스로 한 가지 문제를 발견하게 되는데, 그것은 그리스도의 절대성에 집중할수록 "그리스도가 다스리는 영역"이 확장된다는 사실이다.E. 62 절대성에 가까이 접근하는 비밀과 긴장감, 문을 활짝 열어 놓은 것이 1933년 수강자들에게 커다란 호기심을 불러일으킨 것이다.

III.

1945년 이후 그리스도론에 관한 중요한 논문들은 본회퍼의 그리스도론과는 특별한 관련이 없다. 하인리히 포겔의 그리스도론에서도, 볼프하르트 판넨베르크나 라인하르트 슬렌츠카의 그리스도론에서도 본회퍼의 그리스도론과 연관성을 찾아볼 수 없다. 왜일까? 판넨베르크에서 볼 수 있듯, 그들이 전혀 다른 길을 갔기 때문일까? 아니면 포겔에서 볼 수 있듯, 본회퍼의 강의가 1960년 출간되어 그때까지 잘 알려지지 않았기 때문일까? 아니면 본회퍼 선집의 단편적인 성격과 혼돈을 야기하는 원고 상태로 인해 학문적 수용이 어려웠던 까닭일까? 그런데 게르하르트 에벨링이 쓴 세 권의 『교의학』에서도 본회퍼의 그리스도론과는 연관성을 찾아볼 수 없다는 사실을 알 수 있다. 이 책을 쓰기 전에 그는 「성년이 된 세상에서 성경적 개념들의 비종교적 해석」성년 세상 II, 1956, 12-73으로 보편적인 호응을 이끌어 낸 적이 있고, 전 세계적으로 그의 이러한 해석이 수용된 바 있었음에도 불구하고 그렇다. 이러한 경향과는 반대로, 칼 바르트는 『교회 교의학』KD, IV, 1-3의 화해론에서 본회퍼의 그리스도론적 확신에 대해 상세하게 기술하고 있으며, 특별히 『나를 따르라』의 그리스도론이라고 지칭하며 긍정적으로 서술하였다. 그러나 그는 1933년의 그리스도론 강의부터는 아무런 언급도 할 수 없었다. 『교회 교의학』KD, IV, 3은 이미 1959년에 출간되었기 때문이다. 유르겐 몰트만은 자주 테겔 형무소에서 쓴 편지들을 본회퍼의 그리스도론과 연관지어 말하곤 하였다. 특히 대리자 사상을 본회퍼의 그리스도론과 관련해서 말했는데,『십자가에 못 박히신 하나님』그럼에도 불구하고 그리스도론 강의와는 거의 연관성이 없다. 이와 똑같은 경우로 헤르만 뎁보브스키(예수 그리스도의 주권 문제를 다루고 있다)『그리스도론의 근본 질문』와 헬무트 골비처『굽은 나무 막대기—올바른 걸음』를 꼽을 수 있다. 1977년 에버하르트 융엘은 그의 저서『세상의 비밀로서의 하나님』에서 "신학에서 하나님의 죽음을 언급한 회귀에 있어 본회퍼의 기여"라는 제목으로 본회퍼의 그리스도론에 한 장을 할애하였다.74-83

야로슬라브 펠리칸은 마틴 마티의『본회퍼의 위치』에서 미국 신학과 교회에서 1933년의 본회퍼 강의를 소개하는 것이 필요하다고 생각했다. 그러나 이와 동시에 비판적 질문을 제기하지 않은 것은 아니었다. ⓐ "누구"라는 선험적 모범이 아니라 "어떻게 질문"이 그리스도론의 역사 서술을 너무 단순화한 것은 아닌지, 예를 들어 19세기의 역사 비판적 자유주의와 가현설 이단을 너무 단순하게 동일 선상에 둔 것은 아닌지에 대해 의문을 제기했다. ⓑ 그렇지 않아도 눈에 띌 정도로 성경적 토대가 빈약한 시대에 현대적인 해석을 지나치게 소홀히 하여, 본회퍼 자신도 이러한 현상에 한몫을 한 것은 아닌지에 대해서도 문제를 제기했다. ⓒ 본회퍼가 에비온파 이단 앞에서 자기 자신을 충분히 보호하고 있는지에 대해서도 문제를 제기했다. 펠리칸은 미국 개신교의 주의를 환기시킨 후에, 너무도 빈약해지고 노래처럼 사라진 교부들의 "가톨릭의 본질", 공의회와 신앙고백을 다시 얻기 위해 본회퍼에게 주목했다. 그의 논문에서 "문제와 근원을 보는 데 있어 본회퍼는 우리를 도울 수 있다. 그는 그 이상을 할 수 없다. 그러나 그 일은 다른 어떤 신학자도 할 수 없는 일이다"라고 썼다.같은 곳, 164. E. 베트게 번역

본회퍼 자신과 관련된 문헌뿐 아니라, 본회퍼의 그리스도론과 관련된 논문들이 아주 많은 분량으로 다양하게 나와 있음을 알 수 있다. 그리스도론 강의가 아직 책으로 나오기 이전에(1960년) 유르겐 몰트만은 연구 논문「디트리히 본회퍼에게서 본 그리스도의 다스리심과 사회적 실현」, 오늘날의 신학적 실존, Nr. 71, 1959을 썼다. 이 논문에서 그는 대리자 사상을 그 중심에 두었다. 한프리트 뮐러는 독일어권에서 본회퍼를 처음으로 총체적으로 다루었다.「교회로부터 세상으로」 그는 이 논문에서 본회퍼에게서 영광의 신학theologia gloriae이 십자가 신학theologia crucis으로 발전하는 과정, 영광을 버리고 자신을 비우신Kenose 그리스도에게로 향하는 과정을 집중적으로 조명하였다. 그의 새로운 저서 『개신교 교의학』에서 그는 본회퍼의 "가장 강력한 그리스도론적 집중으로부터 그리스도론에서 예수주의가 요구하는 주장의 수용에 대한 논문"을 상기시키고 있다. 그와 동시에 "예수는 선한 사람이었다"라고 하는 프롤레타리아의 말이, "예수는 하나님이다"라고 하는 시민계급의 말보다 더 많은 의미를 담고 있다고 한 본회퍼의 주장이 무엇을 의미하는지 조명하고 있다.같은 곳, 110 마찬가지로 레긴 프렌터「디트리히 본회퍼와 칼 바르트의 계시 긍정론」, 성년 세상 III, 1960;「본회퍼와 젊은 루터」, 성년 세상, IV, 1963도 언급할 만하다. 존 갓세이는 1958년 바젤에서 박사 논문을 발표하면서 영어권에서는 처음으로 본회퍼를 총체적으로 조명하였다.「디트리히 본회퍼의 신학」

그리스도론 강의가 출간된 후에는 한프리트 뮐러를 통해 제기된 단절의 시각이 일부 소수의 사람들에게 더욱 부각되었다. 존 A. 필립은 본회퍼의 그리스도론에 나타난 두 가지 전혀 상이한 면을 언급하였다. 하나는 1933-1937년의 그리스도론이며, 또 하나는 1944년의 그리스도론이다.『세상에서의 그

리스도의 모습: 본회퍼의 그리스도론 연구』 이러한 견해는 60년대의 "사신死 神 신학자들Tod-Gottes-Theologen"에 의해 더욱 힘을 얻었고, 존 A. T. 로빈슨의 『하나님께 솔직히』를 통해 인도되었다. 미국인 폴 반 부렌, 토마스 J. J. 알티처, 윌리엄 패밀톤이 그 추종자들 이었다(그러나 로빈슨은 이들과 같은 입장을 대변하는 것을 주저하였 다). 클리포드 그린은 이들과는 완전히 다른 입장을 취하였는 데, 그는 본회퍼의 그리스도론을 단절로 보지 않고, 성숙의 과 정으로 보았다. 그는 자신의 능력과 관련된 개인적 문제로 인 해 우선 절대적인 주권자 그리스도를 말하였고, 나중에 가서 는 "타인을 위한 능력"을 말함으로 형제애적인 면을 쉽게 받 아들일 수 있었던 것으로 보았다.『그리스도와 인류의 교제. 디트리히 본회퍼 의 초기 신학: 1927년-1933년』 데이빗 A. 호퍼는 호기심을 가지고 섬세 하게 본회퍼 해석의 불일치에 관해 몰두하였고, 본회퍼가 창 조적인 연속성에 서 있기보다 일상의 도전에 대해 예민하게 반응한 결과일 것이라고 추측했다.『본회퍼의 모순』

그러나 클리포드 그린과 마찬가지로 대다수 저자들이 본회퍼에게서 그리스도론 전개의 명백한 연속성이 있음을 강 조하고 있다. 어떤 사람에게는 이런 면이, 다른 사람에게는 또 다른 면이 더 강렬하게 시선을 끌고 있음에도 불구하고 그렇다. 예를 들면, 유르겐 바이스바흐「디트리히 본회퍼의 그리스도론과 윤리학」, 오늘날의 신학적 실존, Nr. 131, 1966와 예수회 소속 프랑스인 르네 마를레『디트리히 본회퍼, 형제들 속의 예수 그리스도의 증인』가 있고, 약간 상이한 내용을 담은 J. 스페르나 바이란트,『종교의 종말, 본회퍼의 발자취를 따라』 그의 제자 한스 디르크 판 훅스차라텐,『해석: 성경 해석을 위한 디트리히 본회퍼의 사고와 결론의 변화 연구』 그리고 다시 새로운 모색을 시도한 G. Th. 로트후이첸,예를 들어『디트리히 본회퍼의 전형적인 그리스도교』 이와 유사한 제임스 W. 뵈펠『본회퍼의 신학: 고전적인 것과 혁명적인 것』 등이 있다.

하인리히 오트는 그의 본회퍼 수용에 있어, 특히『윤리학』에서의 우주적 요소에 관심을 가졌다.『현실 세계와 믿음』 제1권: "디트리히 본회퍼의 신학적 유산" 오트와 라이너 마이어『그리스도의 실재. 디트리히 본회퍼 신학의 토대와 발전 그리고 결론』는 본회퍼를 "하나의 체계로서 그리스도교 존재론"에른스트 파일, 같은 곳, 198, 323에 철저히 묶어 두려 했다. 이런 이유로 파일은 그들을 비판하였다. 앙드레 두마는 헤겔의 영향력을 인정하는 가운데, 다른 신학자들보다 더욱더 1933년의 강의를 지지하였다. "감옥에서의 통찰력이 전체 본회퍼 사상을 결산하고 있음에도 불구하고,『옥중서신』으로 끝내지 말아야 할 것이다. 그가 사용한 어휘들의 확고함에서 보여주듯이, 본회퍼 사상이 가지는 연속성은 너무도 명백하다. 실재, 대리, 모습과 같은 말들은 본회퍼 선집을 통틀어 나타나고 있음을 볼 수 있지만, 1932/33년에 쓰인 문장들보다 더 분명하게 정의를 내리고 있는 것은 없다."『현실 세계의 신학: 디트리히 본회퍼』, E. 베트게 번역 에른스트 파일의 위대한 연구는 사려 깊은 일관성을 유지하며 계속 이어졌다. 그는 "제2부: 중심과 중보자로서 예수 그리스도"같은 곳, 137-220라는 표제 하에 본문의 주요 부분을 "본회퍼 그리스도론에 대한 역사적 조망"을 연구하는 데 할애하였다. 티모 라인너 페터『디트리히 본회퍼의 신학에서 정치성의 현존』는 『역사와 체계의 중재 시도』라는 책에서 파일이 "근본적으로는 추상적인 차원에 머물러 있다"10f.는 사실을 발견했으며, 그리스도론 강의가 역사와 사회가 직면한 투쟁을 준비하는 데 결론을 이끌어 내기에는 부족하다고 보았다. "그리스도 질문, 다시 말해 '당신은 누구인가?'라는 질문은 '새 인류'에게로 향하는 탈이데올로기화된 역사와 인간의 노동 세계를 제시하는 것이다. 이 질문은 이러한 방향에서 비판적인 반대 질문과 문제화로서 되돌아온다. 공동체가 이러한 질문을 제기할 때, 교회는 낮아진 하나님의 비밀과 마주하며 언젠가는 '그들 자신의 낮아짐의 길'GS, III, 241을 가게 된다."같은 곳, 50

IV.

오늘날 우리에게 분명한 사실은 이것이다. 1933년 본회퍼의 강의에서 모든 학문은 그리스도의 교리 영역에서 만남을 통한 당혹함과 함께 시작된다는 것이다. 그리고 이것은 교회의 정치적 윤리 영역에까지 영향을 미친다는 것이다. 이런 이유로 본회퍼의 그리스도론 강의는 "네 문제tua res agitur"로서 교회 공의회와 신앙고백 형성에 있어 위대한 그리스도론적 결정의 전통을 소개하는 것이다. 바로 여기에 그리스도론 강의의 강점이 있다. 그러나 이와 동시에 역사를 단순화시킨다는 가능성이 위험성으로 도사리고 있는 것도 사실이다.

그리스도론 강의에서 그리스도가 어떻게 이스라엘의 메시아로서 중심이 되는지, 그리고 중심이신 그리스도가 우리를 위한, 타인을 위한 그리스도라는 사실이 상세하게 기술되지 않았다는 점이 아쉽다고 말하기도 한다. 그러나 이 부분에 대해서는 "그리스도의 자리"GS, III, 194-200에서 기술한 내용을 간과하지 말아야 할 것이다. 또한 형식적인 면과 내용적인 면을 병행하여 1932년 여름 학기 강의에서 "교회의 본질"GS, V, 231-239을 기술했다는 사실도 기억해야 할 것이다. 교회가 허망하게 되지 않기 위해서,같은 곳, 232 교회가 있어야 할 자리는 세상 특권을 누리는 자리가 되어서는 안 되며, 오직 그리스도가 현존하는 곳에서만 교회가 존재할 수 있다는 것이다. "메시아는 눈에 보이는 역사의 중심일 수 없으며, 하나님에 의해 제시된 은밀한 중심이어야만 한다. 이러한 사상이 정도에서 벗어난 메시아사상의 거센 물결에 맞서 대항하고 있는 것이다. 그리고 이러한 사상은 바로 이스라엘 안에 살아 숨 쉬고 있다. 이스라엘은 선지자적 희망을 품고 많은 민족들 사이에 홀로 서 있다. 이스라엘은 하나님이 그분의 약속을 성취하는 장소인 것이다."GS, III, 197 나사렛 예수에 대한 전혀 새로운 유대인과의 대화는 분명 우리 시대가 가진 가장 시급한 과제 중의 하나일 것이다. 그러나 이것은 아직 다만 조심스럽게 내딛는 발걸음일 뿐이다. 그리스도론은 믿음의 삶 자체로서 그리고 믿음의 반응으로서 항상 새롭게 사고되고 써야 하는 것이라고 본회퍼는 생각하였다. 그리고 1933년 이후 그의 신학적 사고를 통해서뿐만 아니라, 그의 삶을 통해서 다른 어떤 논문도 해내지 못한 것을 제공하였다. 베르톨트 클라페르트, 『유대인과 그리스도인에 대한 도전으로서의 아우슈비츠』, "아우슈비츠 이후 기독교 신학에서의 유대인"; 에버하르트 베트게, 『결론. 오늘날 디트리히 본회퍼와 교회의 관계』, "본회퍼와 유대인"

1980년 11월

에버하르트 베트게 · 오토 두드추스

찾아보기

성구

《구약》

이사야
28:19 203

《신약》

마태복음
5:21 200
5:22 201
9:2 201
11:6 200, 209
16:17 71
26:31 209
26:49 39

요한복음
1:1, 3 69
1:14 156, 190, 205

14:6 27, 73
20:29 206

사도행전
4:12 37

로마서
8:3 59, 194

고린도전서
15:17 57

고린도후서
11:14 46

빌립보서
2: 5-11 164

골로새서
2:9 158, 157

디모데후서
2:19 46

히브리서
2:14 156
4:12 67

요한계시록
1:17 27

주제 · 인명

ㄱ

가톨릭Katholizismus 69, 225
가현설Doketismus 126, 140, 142, 144, 145, 165, 179, 216, 224
개혁파reformiert 80, 81, 84, 159, 160, 161, 164, 215
거룩한 역사historia sacra 114, 115
걸림돌Ärgernis 11, 60, 79, 89, 139, 194, 198-207
게스Geß, Wolfgang 167, 169
경계(경계론)Grenze(-lehre) 94, 124, 125, 142, 152, 179
계시Offenbarung 33, 42, 49, 60, 71, 73, 82, 84, 88, 173-176, 191-194, 201, 226
공동체Gemeinde 22, 41, 61-65, 78, 87, 94, 102, 110, 111, 204, 219, 229
공동체로 존재하는 그리스도Christus, als Gemeinde existierend 65, 88, 89, 102
공의회Konzilien 124, 125, 146, 225, 230
관념론Idealismus 69, 129, 138, 139
괴테Goethe, Johann Wolfgang von 36, 37, 56, 117
교회Kirche 21-24, 31-38, 47, 53-65, 73-85, 93, 100-104, 109, 114-120, 125, 147, 159, 180, 207-209
 ―교회와 국가Kirche und Staat 102
구속Erlösung 14, 104, 128-134, 162
구약성경Altes Testament 140
구원론Soteriologie 45, 50
국가Staat 100-103
권위Autoritäten 30, 41-42, 115, 217

그 자체로 비뚤어진 마음cor curvum in
  se 30
그로스Groß, Wilhelm 39
그로츠Grosz, George 39
그리스도의 두 지위zwei Stände Christi
  163
기독교의 절대성Absolutheit des
  Christentums 97
기적(의 역사)Wunder(-geschichten)
  116, 167, 201-205

ㄴ

나를 위한pro me 65, 202
낮아지심Erniedrigung(exinanitio) 60,
  89, 208
네스토리우스파 신학Nestorianismus
  146
누구-물음Wer-Frage 28-32, 40, 56,
  94

ㄷ

단성설Monophysitismus 146, 179
단일신설파Monarchianer 143

도스토옙스키Dostoevsky, Fyodor
  Mikhailovich 38
동시성Gleichzeitigkeit 26, 58-61, 71,
  80, 86, 96, 145, 154, 165, 189,
  193, 199, 218
동정녀 탄생Jungfrauengeburt 190

ㄹ

라오디게아의 아폴리나리스Apolli-
  naris von Ladicea 129, 130
로고스Logos 22-40, 68, 88, 129-
  131, 155-168, 194
  —육체가 된(육체 안에 존재하는)
    로고스ensarkos 164, 168
  —육체가 없는 로고스asarkos 164,
    168
루터Luther, Martin 21, 30, 34, 46, 56,
  62, 74, 80-84, 102, 158, 161-167,
  189, 196, 198, 215, 216, 221
루터파Luthertum 81, 84, 146, 171
리츨Ritschl, Albrecht 46, 54, 57, 135,
  136, 180, 211, 215

ㅁ

마리아(예수의 어머니)Maria, Mutter Jesu 133, 150
마술Magie 204
말씀(하나님의)Wort(Gottes) 22, 72, 74
　—말씀과 성례Wort und Sakrament 87, 89, 94, 102, 219
말을 거는 것Anrede 69-72, 77
메시아사상Messianismus 99, 231
멜란히톤Melanchton, Philipp 45, 62
무한을 파악할 수 없는incapax infiniti 60
무한을 파악할 수 있는capax infiniti 162
믿음(신앙)의 개념Glaubensbegriff 202

ㅂ

바실리데스Basilides 133
바울Paul 57, 90, 109, 208
밖 칼뱅주의Extra-Calvinisticum 80, 166
발렌틴Valentin 133
변화Alloiosis(αλλοίωση) 161
본성Natur 26, 33, 45, 76, 128-132, 146, 180
본성들의 교류communicatio naturarum 156
본성의 통일unio hypostatica 146, 154, 156
본체(개념)Substanz(-begriff) 132, 134
부활Auferstehung 56, 116, 119, 120, 205
브레데Wrede, William 111, 112
브루너Brunner, Emil 132
비더만Biedermann, Alois Emanuel 138, 169
빈 무덤Grab, das leere 206

ㅅ

사고방식(신학적)Denkformen (theol.) 179, 182
사모사타의 바울Paul von Samosata 143, 181
사실-물음Daß-Frage 33
사토닐Satornil 133

사회주의자Sozialisten 38

삼위일체Trinität 33, 137, 160, 163, 191

선포Verkündigung 21, 53, 60, 73, 99, 125

설교Predigt 73, 85, 114, 125

성경Heilige Schrift 118, 119, 129, 147, 148, 162, 190

성례Sakrament 22, 53, 61, 75, 94, 104, 125, 219

성만찬Abendmahl 80-83, 158

셸링Schelling, Friedrich Wilhelm Joseph von 128

소크라테스Socrates 36, 37, 56

속성들의 교류communicatio idiomatum 154, 156, 171

슈바이처Schweitzer, Albert 111

슐라이어마허Schleiermacher, Friedrich Ernst Daniel 33, 46, 54, 57, 84, 85, 135, 175, 215

슐라터Schulatter, Adolf 144

승천Himmelfahrt 56, 57, 65, 80, 87, 133

시공간성Raum-Zeitlichkeit 59

신앙고백Bekenntnis 125, 225, 230

신학Theologie 32, 33, 63, 79, 112, 166, 179, 213

―역사 비평 신학historisch-kritische Theologie 113, 119, 120

―자유주의 신학liberale Theologie 97, 109-112, 126, 143, 144, 180, 203

ㅇ

아담Adam 30, 89, 103

아리우스Arius 149, 174, 175

아우구스티누스Augustinus 32

아타나시우스Athanasius 149

아펠레스Apelles 133

알렉산드리아의 키릴로스Cyrill von Alexandrien 21

알려지지 않음(익명성)Inkognito 49, 195, 199, 200-207

양성론Zwei-Naturen-Lehre 148, 171, 189, 203

양태설Modalismus 172, 175, 176

어떻게-물음Wie-Frage 25, 28-42, 56, 81, 83, 84, 85, 145, 171, 182, 183

에베소서Epheserbrief 90
에벨링Ebeling, Gerhard 223
에비온파Ebionitismus 128, 139, 179, 225
엔히포스타시스Enhypostasie 131-134, 185
역사Geschichte 27, 48, 49, 50, 57, 70, 76, 96, 195
역사 개념Geschichtsbegriff 135
역사성Geschichtlichkeit 64, 113, 114, 115, 120, 134, 138, 206
역사적 예수Jesus, historischer 110, 120, 135, 163, 216
예수의 생애 연구Leben-Jesu-Forschung 111, 113
예수의 전능Jesu Allmacht 147, 154, 158, 168, 169, 188, 189
 —예수의 무죄성Sündlosigkeit 155, 196-200, 205
 —예수의 세례Taufe 141, 143, 189
 —예수의 연약함Schwachheit 188, 195
 —예수의 탄생에 관한 증거Geburtsberichte 97, 157, 189, 190
요한일서Johannesbrief, erster 90

우시아ουσία 180, 181, 187, 188
유대 그리스도교Judenchristentum 139, 141, 142
육신의 모양ὁμοίωμα σαρκός 59, 60, 89, 194, 199
이다est 158
이단Häresie 125, 126, 216
인간이 되심Menschwerdung 79, 138, 146, 163, 165, 185
인격 개념Personbegriff 23, 30, 41, 46, 55, 94
인격 논제들propositiones personales 156
인격성Persönlichkeit 55, 95, 132, 135
인격의 통일성unio personalis 150, 165, 167, 179
임의적 현존론Ubivolipräsenzlehre 83, 84

ㅈ

자본주의Kapitalismus 13, 37, 38
전 인 격 과 관 련 된 방 식 genus apotelesmaticum 157
 —낮아짐[굴복]과 관련된 방식

genus tapeinoticum 171
―속성과 관련된 방식genus idiomaticum 157
―위엄과 관련된 방식genus majestaticum 157, 171
정통Orthodoxie 130, 153, 163
제정Einsetzung 78, 80, 99
종교적 물음Frage, die religiöse 29
종속설Subordinationismus 172
중보자Mittler 94, 100, 103, 105, 132, 218-220
직무Amt 41, 42
질레지우스Silesius, Angelus 128

ㅊ

창조(론)Schöpfung(-slehre) 76, 77, 86, 103-105, 195, 203
초월성Transzendenz 23, 24, 28, 29, 34, 35
최악의 죄인peccator pessimus 196, 198
침묵Schweigen 21, 22, 34, 75

ㅋ

카이로스καιρός 98
칼케돈 신조Chalcedonense 151-155, 170-172, 180-183
캘러Kähler, Martin 113
케노시스파Kenotiker 146, 164
콘스탄티노플의 에우티케스Eutyches von Konstatinopel 149
크립시스파Kryptiker 146, 164
키르케고르Kierkegaard, Søren Aabye 10, 21, 116, 200

ㅌ

토마시우스Thomasius, Christian 167, 168
투르나이젠Thurneysen, Eduard 119

ㅍ

파스칼Pascal, Blaise 32
편재론Ubiquitätslehre 81, 83, 84
프롤레타리아Proletariat 37, 38, 226

ㅎ

하웁트만 Hauptmann, Gerhart 39
행위와 존재 Akt und Sein 63
헤겔 Hegel, Georg Wilhelm Friedrich 26, 137, 191
헤르만 Hermann, Wilhelm 54, 57, 117
혁명가 revolutionär 39
현현(이념) Erscheinung(-Idee) 126- 132
호모우시아 ὁμοουσία 172, 173